短篇劇本集

寫在
逆流 與 **飯戲**
之外

陳詠燊

Sunny Chan —— 著

enlighten & fish 亮光文化

序

我是一個寫劇本維生的人。

寫給自己的，寫給人家的都有；長的短的都有；電影的，電視的，舞台的，電台的，網絡的都有。

得到寵愛的，得不到關注的，完全沒有人留意過一眼的，都有。

雖說十隻手指都有長短，但作為編劇，每個劇本都是心血，每個都是親生骨肉，我每個都愛，只是每個劇本都有自己的命，故事離開了筆尖，一切就只能交給她自己的命運了。

出版這次的劇本集是我一直以來的心願，希望能將一些我在電影以外，寄養於不同媒體世界，未算得到觀眾太多注目，而又一直讓我牽腸掛肚的親生骨肉結集在一起，讓她們擁有多一次面對觀眾朋友的機會，試試用出版來延續她們的命運。

這次收錄的短篇劇本，有劇場版Music Video，有網絡短片，有舞台演出，有廣播劇，有電視單元劇，誕生時間橫跨二十年，每一個都是在我事業上有著一定分量，又或者有著一點點特別意義的創作。

我是一個寫劇本維生的人。

這本書裡盛載著的血肉與靈魂，希望會得到你的喜愛。

多謝。

陳詠燊

contents

序 2

百年樹木 6

船頭尺 28

日月 46

極．愛 54

前夫的愛 62

來不及聽你說愛我 72

三年班父母 188

百年樹木

關於《百年樹木》（2018）

《百年樹木》是我事業中很重要的一個 project。

2018 年我首次當導演的《逆流大叔》上映了個多月左右，我收到了一個來自唱片公司的訊息，說張敬軒（軒公）的團隊看過電影後很喜歡，想找我替軒公的年尾主打歌拍一個 Music Video。

我當然受寵若驚，立即答應，然而之後我才想起——其實我是不懂拍 MV 的。那些很有型的搖鏡，很有風格的攝影角度，很有象徵意味的抽象設計，我完全不懂。

反思了良久，我才終於想通——人家如果想拍那種 MV 的話，根本不需要找我，既然要找我，我就應該用回我最熟悉的方法去拍。於是，我拍回我最擅長的戲劇，還要當作電影一樣，寫一個完整的劇本出來拍。

終於，一個四分鐘的 MV，我寫了九頁 A4 紙的劇本。

〈百年樹木〉這首歌的創作原意，是軒公 2008 年的經典歌曲〈櫻花樹下〉的續篇。〈百年樹木〉的歌詞提到校友會，〈櫻花樹下〉中我最深刻的歌詞是「乘電車跨過大海」，於是我就想到了一個在電車上舉行的舊生會聚會中，一對舊情人重遇，卻感慨到時間早已逝去，一切都回不來的故事。

由於影片中有十年前的回憶部分，我感到若然要軒公穿校服扮中學生很容易會讓人出戲，於是我提議另找演員，終於成就了與吳肇軒和廖子妤合作的機會。

至於軒公歌唱部分的鏡頭，由於在電車上拍攝，身為林憶蓮 die-hard fan 的我，很快就想起 1997 年憶蓮的 MV〈哭〉，那時她就是坐在露天電車的上層，一邊以港島的景色為背景，一邊唱著歌。

初次見面時，我就向軒公說出要重演這個鏡頭向〈哭〉的 MV 致敬。軒公也是憶蓮的 die-hard fan 我當然知，不過更玄妙的是，他當時正錄製的大碟，原來剛好也正想向憶蓮的《感覺完美》大碟致敬，而〈哭〉就是《感覺完美》的主打歌。

他說聽到我的想法的時候，感到有點「毛管戙」。巧合也好，緣分也好，他說：「真係注定要搵你拍。」

除了向憶蓮致敬，由於是〈櫻花樹下〉的十周年，我也再加了點想法，決定在不同的細節中，暗藏一大堆張敬軒的經典歌曲與大碟的密碼作為彩蛋。

這個 MV 拍攝的時候很艱難，但出來的效果大家也很滿意，討論度也相當不錯。然而對我來說最重要的，這次是我經歷完《逆流大叔》過後，第一次再拍感情戲。

《逆流大叔》當中其實有些部分我拍攝時未太懂得處理，其中幾場感情戲都是在剪接時靠師父馬偉豪導演的意見拯救回來的，所以〈百年樹木〉是我在電影長片實戰過後的首個拍攝練習。

而這一次，我感到我終於掌握到一些竅門，找到了一些信心了。

之後很多人問我，大概甚麼時候開始對當導演這個崗位有信心了？我都答：「由〈百年樹木〉開始。」

如果沒有〈百年樹本〉與之後的幾個 MV 工作，我都未必有信心執導《飯戲攻心》。

多謝張敬軒先生，多謝〈百年樹木〉整個團隊。

此 MV 的歌曲版及 The Story 加長版現可在 YouTube 中重看

《百年樹木》Music Video 劇本（2018）

編劇／導演：陳詠燊

作曲：伍卓賢　填詞：林若寧　主唱：張敬軒

主演：Felix－吳肇軒　芳芳－廖子妤　Dahlia－曾樂彤　丈夫－陳智燊

Sc:1　夜　銅鑼灣。高士威道綠色行人天橋上

△　天橋上，鏡頭向天后方向。見 Felix 穿著校服背向鏡頭，靠在欄杆邊按著手機，同時間一列電車在他面前經過，走進了天橋下方，出了鏡

△　出歌名：百年樹木

△　近鏡見 Felix 原來正在微笑，在一個 WhatsApp Group 留言

△　WhatsApp Group 名叫「2008 5C 樹蔭有一個阿蟬吹水組」

△　眾人在上面紛表示已到達，又有人留下一些廢話

△　最後有人問：「@Felix Chan 到未？」

△　Felix 立即留言：「食住等，嚟緊！」

Dahlia：（O.S.）喂！

△　Felix 立即收起電話，看看身旁，見 Dahlia 穿著一套校服裙，揹著一個小背包，紮了一條高高的馬尾

△　Felix 若有所感的一笑

Dahlia：（有點尷尬）係咪真係得㗎？

Felix：（立即撐起笑容）得！得晒啦！

Dahlia：其實我又唔係你哋嘅同學，著你學校嘅校服會唔會好怪㗎？

Felix：（充滿懷念的看著 Dahlia）校服派對吖嘛！梗係要襯我㗎啦！行啦！

△　Dahlia 無奈著向前行，Felix 看見她的馬尾，想了想

Felix：（一手拉一拉她的馬尾，把高馬尾變成低馬尾）咁靚啲！

△　二人一同離去

Sc:2　夜　銅鑼灣電車迴旋處位／電車上

△　車外，見 Felix 與 Dahlia 登上閃亮的電車

△　二人上車，見內裡已陳設好整個派對的場面，八位穿著不同服裝的舊同學已在玩樂中

齊聲：（七嘴八舌）喂！嚟喇！

男 A：（拿著羅賓面具）遲啲吖笨！

Felix：（才發現沒有人穿校服）喂！又話校服派對嘅？

男 B：（穿著「Why Not」 T-shirt）係喋！最後個個都飛機晒之嘛！

Felix：啤！你班人渣！

男 C：我哋都係啱啱先放工咋！

女 A：（衝上來，打量 Dahlia）咦？呢位未見過喎！（笑）上年嗰個呢？

△ Dahlia 面色一沉

△ Felix 錯愕

Felix：（氣）咪玩啦！我上年都冇嚟（向 Dahlia）咪睬佢哋！佢哋有病喋！

△ Dahlia 尷尬一笑

△ 女 B 上前，發現 Dahlia 手上戴了隻鑽石戒指

女 B：（捉著她的手，讓大家看）咦？

女 A：咦？

男 A：咦？

男 B：咦？

男 C：咦咩呀？（看見）咦？

△ Dahlia 尷尬的樣子

Felix：（也尷尬）係呀！

眾：恭喜晒！

△　幾位女同學圍上去看

女 A：（向 Dahlia）邊間訂㗎？

女 B：咩 Colour 呀？

女 C：搵我訂吖嘛！我公司做呢啲㗎！結婚戒指搞咗未？

Dahlia：未呀！

女 C：得啦！我搞，鍾意咩款？

△　四女繼續討論

△　男 B 拉 Felix 到一旁，示意檯上有一本用舊校簿扮成的點名簿，上面寫了一個個今天到來的同學的中文名，到了的在旁邊加了個「剔」

男 B：喂！呢位同學點名先！

△　Felix 在自己的名字「陳銘嘉」旁加了一個「剔」，同時發現下方有另一個名字「李葦芳」

△　Felix 有點愕然

Felix：（向男 B）芳芳返咗嚟咩？

男 B：返咗嚟成年啦！佢上年都有嚟㗎！

△　Felix 一笑，沒有回答

Sc:3　夜　電車上層

△　Felix 一個人站在露天的位置，拿著一碟小吃，望著前方的風景發呆

Sc:3A 日　何東中學小路

△　回憶　何東中學小路上

△　Felix 一個人捧著幾本書與幾隻 VCD 在學校離開，往斜路下方走

△　Felix 抬頭向前望，發現芳芳正在他不遠處也慢慢地走著，那條綁得低低的馬尾一下一下的搖晃著

△　Felix 望著她的背影，內心有點忐忑

△　他望望身旁身後也沒有熟人，於是加快了腳步，急步走上去

△　就在他走到差不多芳芳的背後時，他又收起了腳步，若無其事地放慢前行

△　他仔細的看著芳芳的背影，她的耳朵，她的髮尾

△　他想再開步上前一點，與她並肩而行，但又掙扎著

△　就在他仍心大心細之時，突然芳芳停下了腳步，一下回過身來，望著他，好像她早就知道 Felix 一直跟著她一樣

△　Felix 嚇了一跳，完全呆了，不知所措

△　二人沒有對話，只在對望

△ 芳芳拿起他手上的 VCD 看看，一看，是幾套杜琪峯的經典電影

△ 她嫌悶，笑了一笑，放下

△ Felix 沒有作聲，因為仍然不知應該怎應對

△ 芳芳望了他多一眼，終於再笑了一笑，轉身繼續前行

△ Felix 留在原地，不敢再跟上

△ Felix 繼續看著她的背影，那條綁得低低的馬尾繼續一下一下的搖晃著

Sc:3B　夜　電車上層

△ 電車上

△ Felix 回憶起往事，一笑，開始吃手上拿著的東西

△ 同時間，樓梯位置有一個穿著校服裙的女生一步步走上來

△ Felix 感到身後有人，回過頭來，見是一個校服裙的造型，以為是 Dahlia，立即收起想起往事的笑容

Felix：傾完你哋啲戒指喇？

△ Felix 抬頭，才見那人竟然是穿著校服，剪了一頭短髮的芳芳

△ Felix 一臉意想不到

△ 芳芳也有點意外

Felix：（裝出自然的笑容）Hi ！

芳芳：（一笑）Hi ！

Felix：好耐冇見喎！

芳芳：係呀！

Felix：（刻意）你咁乖有著校服嚟呀？

芳芳：係呀！

△　二人一笑，芳芳上前也靠著車頭，望望前方的風景

△　二人一時間沒有話說

△　Felix 感尷尬，於是大口大口的吃東西，裝作自然

Felix：（終想到話題）你幾時返嚟？

芳芳：成年囉！

Felix：咁你做緊……

芳芳：咁你做緊咩呀？

Felix：我？做會計囉！冇咩特別……

芳芳：（想了想，有點怪責的意味）你唔係話過想做杜琪峯嘅咩？

Felix：（想不到她還記得）……你記得呀？

△　芳芳像被看穿了心事一般，立即收起表情，望向前方的風景

Felix：我有試過寫劇本㗎，不過最後都只係寫到一半……（苦笑，說不下去）

芳芳：嗯……

△　二人又繼續有點不自然，Felix 繼續吃東西，芳芳尷尬地拿出一包幼煙，熟練的拿出一支

△　Felix 看見，又想起十年前

Sc:3C 日　何東中學小路

△　回憶　何東中學小路上

△　Felix 又一個人離開學校，走著走著聽到前方傳來嘈吵聲

△　Felix 望向前方，突然間前方暗角的樓梯位置，玩笑中的芳芳被推了出來，明顯她正與同學們開著玩笑

△　芳芳想不到 Felix 突然出現在自己眼前，樣子有點尷尬

△　Felix 又一愕，他看見芳芳手上原來拿著一支香煙

△　芳芳發現 Felix 看見自己手上拿著煙，好像有少許羞愧，但又想撐下去

△　同時，暗角樓梯兩位同樣拿著煙的女同學 A 及 B 看見了 Felix，走了出來

同學 A：（笑著說）嗱，唔好報串呀！

同學 B：（拉著 A）得啦，自己人嚟，識做㗎喇⋯⋯

△　Felix 有點怕，點點頭，急步離去

△　芳芳望著 Felix 的背影，感到有點不安，突然將煙頭掉到地上，踏了踏

△　Felix 回頭，剛好望到了這一幕

同學 A：（不明）做咩呀？

芳芳：冇呀，突然唔想食之嘛……

△　眾人回到樓梯位

△　Felix 一直往前走，好像對芳芳有點失望的樣子

Sc:3D　夜　電車上層

△　電車上

△　Felix 看著熟練地拿著煙的芳芳

△　芳芳好像在發呆，想著甚麼似的

Felix：（想起）呢度好似……唔畀食煙㗎……

芳芳：（才醒覺）係咩？香港唔係露天地方就得嘅咩？

Felix：露天嘅交通工具就唔得。

芳芳：（立即弄熄）Sorry。

△　二人又靜了一下

Felix：咁你……

芳芳：（好像鼓起勇氣的樣子）其實你仲記唔記得……嗰日……

△　Felix 感到芳芳好像有甚麼重要事想說，自己的樣子也認真起來

Dahlia：（O.S.）喂！

△　二人望向樓梯，原來 Dahlia 上來了

Dahlia：（見男友不在身邊那麼久，又有外人在，所以裝關心）你冇咩事吖嘛？

Felix：（裝自然）冇，呢度靚，睇多陣之嘛！（向芳芳介紹）我女朋友，Dahlia ！

芳芳：（一時間聽不明）吓？

Felix：（讀慢點）Dah~lia ！

芳芳：（打招呼）哦，Hi ！（自我介紹）叫我芳芳得喇！

Dahlia：Hi ！（上下打量她，發現只有她倆的衣著一樣）我哋……哈哈……

芳芳：係喎！

Dahlia：（笑著指指 Felix）佢幫我襯㗎！

△　芳芳像是感到甚麼似的

Felix：（打圓場）校服嘅嘢都係差唔多㗎啦！（拉 Dahlia 到前方）呢度好靚呀！睇吓！

Dahlia：（看見風景，開心）係喎……

△　Dahlia 被拉到前方，芳芳看見她的背影，留意到她連紮馬尾的橡筋也完全是她十年前常用的那一款，若有所思

△　Dahlia 專心看著風景，Felix 暗暗回頭看看芳芳，發現芳芳好像留意到那條馬尾，Felix 面色一沉，好像被發現了秘密一般

△　二人對望，好像同時進入了回憶

Sc:3E 日　何東中學小路

△　回憶　何東中學小路、大樹位置下

△　Felix 又一個人在小路走著，經過大樹下，看見一個女孩背著坐在長椅上，正在狼狽地找著甚麼似的

△　Felix 認得她是芳芳，慢慢的走上前

△　Felix 站到芳芳身後，發現她原來抽泣中，正在找紙巾，但又找不到，他在褲袋裡拿出一塊皺皺的手巾仔，遞上前，但見她沒發現，他想出聲提醒又不敢

Felix：……

△　芳芳終感到身後有人，回頭一看，發現是 Felix，立即接過他的手巾，抹了眼淚

△　Felix 坐了在她身邊

△　芳芳抹了眼淚後，再看看那手巾，才發現是一條叮噹的手巾，她忍不住笑了

△　Felix 才醒起今天帶的是叮噹手巾，也尷尬地笑

Felix：（尷尬）我阿媽買㗎……

△　芳芳其實仍然傷心，有點想哭，但又想笑

△　Felix 想安慰，想拍拍她膊頭，但又沒膽碰她

△　芳芳定定神，強迫自己抹乾眼淚，冷靜下來

芳芳：（深呼吸一口氣）你有冇諗過，你十年後會點呀？

Felix：（想不到她突然間問）吓？……有，有諗下嘅……我想拍戲……

芳芳：就係嗰啲打打殺殺戲嗰啲呀？

Felix：嗰個導演叫杜琪峯呀，大師嚟㗎，佢啲戲專講啲命途無常呀……

芳芳：得喇……咁你畀心機啦……

Felix：你冇嘢吖嘛？

芳芳：我要走喇。

Felix：（以為她現在要回家的意思）哦。

芳芳：我話，我要走喇，我要離開香港，以後都唔返嚟喇！

Felix：吓？咩事呀？

芳芳：總之屋企生意出咗事，要突然間走，應該唔會再返到嚟……

Felix：咁幾時……

△ 芳芳沒有再回應，突然收拾好身邊的書《The Story About Him》，站起身離開

Felix：喂！

△ Felix 想叫住她，但她頭也不回便離去了

△ Felix 望了望，垂下頭，傷心的樣子

△ 就在他發呆之時，芳芳突然走了回來，坐了在他身旁，二話不說就抱著他的頭，與他接起吻來

△ Felix 措手不及，先是驚惶，但又像是美夢成真

△ Felix 想伸手去抱回芳芳，但又不敢

△ 就在他鼓起勇氣想伸手去抱之時，芳芳推開了他

△　二人對望，不知說甚麼好

△　芳芳想了想，脫下了自己頭上的那條紮馬尾的橡筋，塞到 Felix 手上

△　芳芳忍著眼淚，站了起來

芳芳：（帶著笑）應承你，我會等睇你嘅戲！

Felix：（點頭）嗯！

△　芳芳笑著轉身離去

△　Felix 望著她的背影，內心百感交集

Sc:3F　夜　電車上層

△　電車上

△　芳芳肯定了那一條馬尾的橡筋，就是十年前的那一條

△　芳芳與 Felix 對望著，大家的內心都有一點歉疚的感覺

Felix：（欲言又止）我……想講……我……

Dahlia：（剛剛回頭，見二人怪怪的）冇乜嘢吖嘛？

△　二人立即又裝作自然

Felix：冇嘢呀。

△　Dahlia 覺二人怪怪的

Felix：（向芳芳）不如遲啲我哋……

△　此時樓梯位置又傳來腳步聲，幾人望過去，見是一個看似事業有成的成熟男人（丈夫）走了上來

芳芳：（一見，愕然，又立即變回客氣，走過去繞著丈夫的手）呢位，我先生呀。

丈夫：（客套）Hello ！

Felix：（有點失落，但又立即擠出笑容）Hi ！

Dahlia：Hi ！

丈夫：（指指 Dahlia 與芳芳，一笑）好彩你呢幾日剪短咗頭髮啫，如果唔係就一樣樣㗎喇！

△　Felix 心虛

△　Dahlia 也不知怎答好，只禮貌地微笑

芳芳：係咩？都唔似！

丈夫：（小聲向芳芳）差唔多囉喎！

芳芳：（向 Felix）我哋要走先喇！

Felix：哦，好呀。

Dahlia：Bye-bye ！

△　二人轉身離去

△　Felix 看多他們一眼，就沒有再看

△　上層只剩下他與 Dahlia，Felix 尷尬地向著外頭看風景

△　反而 Dahlia 看著他們離去的方向，若有所感

Sc:4　夜　置地門外電車站／電車上層

△　芳芳與丈夫挽著手下車

△　電車上層，Felix 望向芳芳離開的方向

△　遠鏡，見電車正停在置地廣場門外的電車站，芳芳與丈夫往三角安全島的位置走去

△　Felix 看著芳芳的背影，感到百般滋味

△　芳芳走著走著，突然回過頭來，與電車上的 Felix 對望著

△　Felix 仍不懂得回應

△　芳芳突然一笑，像是祝福，又似是釋懷

△　Felix 看見，立即又報以一笑

△　芳芳最後，還是跟著丈夫離去了

△　電車上層，Dahlia 正看著另一邊的風景

△　Felix 上前，溫馨地從後擁著她

△　Dahlia 一笑

△　Felix 看著她的馬尾，想了想，徐徐地替她把橡筋除下了

Dahlia：做咩呀？

Felix：你都係咁樣最靚！

△　二人對望，一笑

△　電車前行，二人望著前方，笑了起來

完

船頭尺

關於《船頭尺》（2019）

我是一個產量很少的填詞人，很想寫，但一直遇不到太多的機會。在製作〈百年樹木〉MV 的時候，我厚著臉皮向唱片公司的相關同事「推銷」自己，估不到真的有回報，他們找我為吳浩康 2019 年的主打歌寫歌詞。

那時的要求是——一首暖男形象的歌曲。終於，我想起了電影《秋天的童話》中，周潤發演的「船頭尺」一角。

〈船頭尺〉說的是一位不望回報的暗戀者的故事。歌曲完成後，唱片公司順理成章地找我拍這首歌的 MV。

電影中「船頭尺」曾經是一位水手，加上我想主角有一點飽經風浪的滄桑感，所以我的構思是在貝澳的沙灘上，懶洋洋的下午，一個中年男人架著小型的柴油工程車，可愛而浪漫地經營著一間小旅館……

怎料唱片公司很快便回覆——在 MV 趕工的那段時間，歌手只有一晚的時間可以拍攝。

整個想法都用不上了，於是又變回應變式的創作，我直接問：「你們公司旗下有沒有甚麼地方，可以以極相宜的價錢借到一個通宵給我拍？」

終於，他們給了我一間位於娛樂行的戲院。我在看景過後，就寫了一個在戲院裡發生的愛情故事。

在人物的設定上，我想起以吳浩康的成熟樣子，若然寫他暗戀一位少女，感覺看來不容易感動，所以我將故事設定為：一位戲院的男員工，一直暗戀著自己的已婚女上司，怎料他發現女上司原來正面臨婚姻問題，究竟他應該出手去示愛，還是應該……

關於飾演這位女上司的演員，我們討論了良久，又要漂亮又要成熟又要有韻味又要有演技，終於我們想起了跟吳浩康同一間唱片公司，卻又退居了幕後一段時間的何嘉莉。

這個 cast 我非常滿意。

而既然這首歌關於「船頭尺」，我之後又想到，如果能夠請到《秋天的童話》的張婉婷導演來客串就好了！

然而我跟張導演只曾經有一面之緣，我冒昧地發了個訊息去邀請她，她就立即爽快答應，又是讓我受寵若驚。

在這個 MV 裡我又玩了一些彩蛋，就是在細節上暗暗致敬了幾齣經典的香港愛情電影，除了必然的《秋天的童話》外，還有《甜蜜蜜》、《百分百感覺》、《玻璃之城》與《單身男女》，不知大家能否發現到？

此 MV 的歌曲版及 The Story 加長版現可在 YouTube 中重看

《船頭尺》Music Video 劇本（2019）

編劇／導演：陳詠燊
作曲：陳威全　填詞：陳詠燊　主唱：吳浩康
主演：Deep－吳浩康　Lilian－何嘉莉　Kenneth－朱栢謙

1.　1號院　夜　Deep

△　影院散場後杯盤狼藉狀態

△　Deep 一個人正在收拾，十分專業

△　他拖著垃圾袋，把餐盒幾個一疊的放進去，又快又細心

△　地上的爆谷，他很細心的掃著，連椅背的罅隙都很有心機的清理

△　最後用布把濕了的地方逐一抹乾淨

△　Deep 離開，乾淨清潔的影院 wide shot，出「船頭尺」

2.　小食位　夜　Deep、Lilian、男、女客人

△　Deep 在廚房製作熱狗，手勢很好，加了茄汁與芥辣

△　Deep 把熱狗與汽水拿出舖面，面前是一對情侶

女客人：（一見，氣上心頭）我要少少芥辣咋！

Deep：Sorry，我幫你換過！

男客人：算啦，開場喇！

女客人：咩呀！我照食呀？咁樣我點食呀！

男客人：咪刮走啲佢囉！冇所謂啦！

女客人：而家係啱同錯嘅問題！你可唔可有番啲立場㗎！

男客人：黐線，而家趕開場呀！關咩立場事呀！

△　二人好像投入了自己吵架的情緒中，Deep 看著他們，一呆

△　他們身後也有幾名顧客，也嚇得退開了

Deep：（想打圓場）對唔住，我即刻整過個出嚟，好快！

女客人：快啦！

男客人：我話，唔使整！

△　Deep 難做，不知怎辦

Lilian：（有禮，走過來）請容許我哋整番一個畀你哋，因為係我哋錯 order 在先，（望一望男客人手上戲票）不過呢套第四集我勸兩位立即入咗場先，因為頭嗰五分鐘好緊要，整完我立即親自送入嚟畀兩位好冇？唔好意思！

△ Deep 看在眼裡，欣賞 Lilian 的感覺

△ 男女客人急趕離去

△ Lilian 微笑，示意後排的客人可繼續購物

△ Lilian 指指自己，又作口形「我整啦」，示意自己到廚房弄熱狗

△ Deep 微笑點點頭

△ Lilian 在廚房弄熱狗，手勢十分純熟

△ Deep 進來裝爆谷，看了看 Lilian 的手法，一笑

△ 同時也看著她的結婚戒指，暗暗苦笑了一下

Deep：唔該晒！

Lilian：點都好，搞掂個舖面先！見人㗎嘛！

△ Lilian 剛弄好熱狗，感到收到 WhatsApp，脫下手套，在口袋裡拿出來一看

△ Lilian 面色一沉

Deep：（關心）冇嘢吖嘛？

△ Lilian 搖搖頭，沒有作聲就轉身離去

△ Deep 若有所思

3.　休息室　夜　Deep、Lilian

△　Deep 回到休息室

△　一打開門，就見 Lilian 在休息室對著電腦發呆（做更表）

△　牆上貼有一些 memo，砌了一個哈哈笑的圖形（如《單身男女》）

△　Deep 上前一點想開口問，才發現 Lilian 望著手上的《秋天的童話》postcard，上面簽了兩個名

Deep：（打開話題）想問好耐㗎喇，張嘢啲簽名係咪真㗎？

Lilian：（苦笑）有一次做嘢見到發哥同鍾楚紅，爭個導演簽名就齊喇！

Deep：總有機會嘅！

△　Lilian 想了想，把 postcard 貼回牆上，拿出一包頭痛藥，想吃

Deep：（發現）我斟杯水畀你？

Lilian：（搖頭）唔使喇，我食藥好叻㗎。

△　Lilian 一笑，不用水就把藥吞了

Deep：保重身體，唔好成日要人擔心啦！

△　Lilian 聽完，沒有回應

△　Deep 也覺好像講錯話，轉身走去開自己的 locker

△　Deep Locker 內有很多電影東西，他都是喜愛電影的人

△　Deep 愛莫能助的樣子

4. 小食位／廚房　夜　Deep、Lilian、Kenneth、客人C

△　Lilian 把爆谷汽水放在檯面，推出去給客人

Lilian：多謝！

△　此時，一位男人（Kenneth）上前

Lilian：（有禮）先生……（看見是 Kenneth，一呆）

Kenneth：（尷尬）……可唔可以傾幾句呀？

△　Lilian 看見他手上的公文袋，面色一沉

△　此時剛好有兩個人排在後面，Lilian 立即撐起笑容

Lilian：（小聲向 Kenneth）等一陣，（向客人）小姐要啲咩呀？

△　Kenneth 拿著公文袋在旁邊等著

客人 C：一個細爆谷……定大爆谷好呢？嗯……

△　Kenneth 拿著公文袋在旁邊等著

Lilian：（笑著介紹）細爆谷就三十二安士，大爆谷就六十四安士，其實佢哋都只係差幾蚊，不如就大爆谷套餐喇，七十五蚊！

△　Deep 剛好在旁邊經過，看見 Kenneth 站在旁邊（認得 Kenneth），又見 Lilian 的表情有點怪怪的

△　Lilian 聽完 order，回到廚房，面色大變，想哭的樣子，但忍著

△　Deep 立即上前

△　廚房內

Deep：（擔心）冇嘢吖嘛？（想接過爆谷桶）我嚟吖。

Lilian：（撐著）我 OK ！

△　Lilian 裝好爆谷，撐著笑，裝作沒有事的把東西拿出去，放到檯面

Lilian：（有禮）多謝！

△　客人離開，Kenneth 猶豫了一會，上前

Lilian：（不想望他）有咩講？

Kenneth：（想講，但又不知應怎樣講）總之，我簽咗喇……

△　Kenneth 放下就離去了

△　Deep 把一切看在眼裡

△　Lilian 忍著淚，忍著著忍，忍不了

Lilian：（強忍）你睇住……

△　Lilian 走了去，Deep 看著她的背影，愛莫能助

5.　1號院　夜　Lilian

△　Lilian 在門口經過，想了想，走了進去

△　戲院內原來正播著一齣煽情戲，幾個觀眾都在哭

△　Lilian 坐了在路邊位，釋懷地哭了出來

6.　中央樓梯位　夜　Deep、Lilian

△　Deep 捧餐上，Lilian 下來，正用通話機跟同事對話，甚為專業

Lilian：（向通話機）張優惠券個底有冇寫戲院名？咁過咗唔可以換畀佢嘅喎……

△　二人擦肩，Deep 回頭望望她，覺得她好像很快就復原的樣子

7.　休息室　夜　Deep

△　Deep 走進休息室，裡面剛巧無人

△　他看到 Lilian 的檯面上，放了一份文件，蓋著一個空的公文袋

△　他上前想偷看，內心雖掙扎，但最後都看了

△　那是一份離婚協議書，男女雙方已簽了名

△　Deep 百般滋味

8.　小食位／廚房／送餐口　夜　Deep、Lilian

△　Deep 心神恍惚在大堂經過，隔著送餐位偷看廚房裡正在工作的 Lilian，見她正對著手上的工作發呆

9.　小食位／酒吧位　夜　Deep（便服）、Lilian（便服）

△　收工時間，Deep 換了便服，從樓梯往下走，發現小食位還未關燈

△　Deep 上前，Lilian 靠了在酒吧位，有點微醉，未有離去

Lilian：（一笑）我有畀錢㗎！請埋你喇！

△　Deep 一笑

△　鏡頭一轉，Deep 靠了在她旁邊，一人拿著一杯酒

Lilian：係我話要離婚㗎，佢買咗兩條一模一樣嘅手鍊，一條畀我，一條畀咗另一個女人……

△　二人感尷尬

Lilian：呢件事，我接受唔到……但係真係到我要離嘅時候，我又接受唔到……

Deep：（不知說甚麼好）咁……其實……

Lilian：得㗎喇，諗唔到可以唔使答，你坐喺我隔籬得㗎喇……

Deep：（無奈）哦……

△　二人感尷尬

Lilian：（尷尬）飲啦！

Deep：飲！（二人碰杯）

△　二人喝了一口，Deep 放下，發現 Lilian 還在喝，惟有繼續舉杯，但雙眼一直看著她，看她幾時放下啤酒杯

△　Lilian 放下酒杯，Deep 才跟著放下

Lilian：（認真）多謝你！

Deep：陪飲酒啫，我 OK 嘅。

Lilian：（搖頭）我講……其他嘢，其實好多嘢我都知㗎……

△　Deep 好像被看穿了心事，有點不知怎答

△　二人沉默了一會，Deep 看著有點醉意的 Lilian，自己也有點上腦

△　Deep 猶豫了一會，鼓起勇氣靠過去想親吻 Lilian，Lilian 剛巧轉個身避開了

Lilian：（裝作在檯上弄甚麼似的）食唔食嘢呀？

△　Deep 醒一醒，不敢再有下一步

Deep：唔喇，尾班車呀，我走先喇。

Lilian：（沒有把頭轉過來）嗯！

Deep：拜拜！

△　Lilian 沒有回應，Deep 慢慢轉身離去

△　Deep 去到電梯口，回頭一望，Lilian 仍沒有望過來

△　Deep 離去，Lilian 的動作停了下來，像是很多事情未想通

10. 樓上梳化位／中央樓梯位　夜　Deep、張婉婷導演

△　Deep 心神恍惚在梳化位收拾

△　同時散場，一個身影在他身邊經過，走向樓梯位

△　他覺得有些特別，望一望，立即衝向樓梯頂看下去

△　見是張婉婷導演

△　他立即跑開

11. 休息室　夜　Deep

△　Deep 跑入休息室，一手取走 Lilian 檯上的《秋天的童話》postcard

12. 中央樓梯位　夜　Deep

△　Deep 趕忙跑下樓梯

13. 售票大堂　夜　Deep

△　Deep 到處找，看不到人

△　Deep 跑向大門口

14. 門口電梯口位　夜　Deep、張婉婷導演

△　Deep 追到出門口，見張婉婷導演

Deep：（邊跑邊叫）張導演！張導演！

△　張婉婷導演停下，回過頭來

Deep：（追上，喘著氣）你好呀！你可唔可以幫我簽個名呀？

張導演：好呀！（接過，簽名）嘩，你見過發哥同紅姑喇？

Deep：我朋友見過，佢好鍾意呢套戲㗎！

張導演：咁你呢？

Deep：都鍾意呀！

張導演：你最鍾意邊場呀？

Deep：錶同錶帶……

張導演：嗯，嗰場好慘喎，哈哈，拜拜！（簽完，轉身離去）

Deep：拜拜！

△　Deep 看著手上的簽名，很感動的樣子

△　他此時無意間反轉，才發現背後寫了字

△　「老婆，I need you ！ 老公，27/ 9/2009」

△　Deep 知做錯事，一寒

15. 爆谷房　夜　Deep

△　Deep 一個人在發呆，甚麼都做不到

△　想了想，像是想到甚麼似的

16. 大堂　夜　Deep（便服）、Lilian（便服）

△　Lilian 換了便服收工離開，發現大堂未關燈，全部電子海報都變成了《秋天的童話》

Deep：（拿著《秋天的童話》的 Blu-ray 出來）睇唔睇戲呀？我有畀錢㗎！（掏出兩張戲票）

△　Lilian 猶豫一笑

Deep：開咗場㗎喇，你入去先啦！

17. 1號院　夜　Deep（便服）、Lilian（便服）、Kenneth

△　Lilian 走進去，望著熒幕，慢慢看得入神

△　Lilian 慢慢坐了下來

△　不一會，鏡頭見一雙男人的腿走進來，坐了在 Lilian 旁邊

△　Lilian 一看，是 Kenneth

△　二人對望，不知怎應對好

Kenneth：（誠懇）對唔住，我唔想離婚呀！

△　Lilian 猶豫，不知怎答好

△　這時 Kenneth 拿出導演親筆簽名的《秋天的童話》postcard

Kenneth：齊喇！

△　Lilian 接過，感動的樣子

△　Deep 在門外偷看，不知應該笑還是哭

18. 休息室

△　暗示時間過，Lilian 離職，她的位置已清空

△　檯面上，只放下了 Lilian 的名牌

19. 大堂／小食位　夜　Deep（便服）、Lilian（便服）、Kenneth

△　一年後，Deep 在櫃檯工作，一客人買完東西離開

Deep：多謝！

△　此時兩名客人到來，Lilian 穿著便服回來

Lilian：喂！

Deep：（意想不到）喂！

△　Kenneth 入鏡，明顯二人放工一起來看戲

Deep：（向 Kenneth）Hi ！

Kenneth：Hi！

Deep：點呀？灣仔嗰邊好唔好做呀？

Lilian：差唔多，都係忙！

Kenneth：（小聲）我去拎飛先。

△ Kenneth 離去

Deep：食咩？

Lilian：汽水得喇！

Deep：兩杯？

△ Lilian 點頭，Deep 拿過汽水（早已準備幾杯在旁邊）放在檯面

△ Lilian 接過，Deep 發現她手上沒有結婚戒指！

△ Lilian 知 Deep 留意到，苦笑

Lilian：我哋都係離咗婚，（指一指 Kenneth）而家係朋友嚟！

△ Deep 不知怎反應好

△ 二人對望，Deep 鼓起勇氣，想開口

△ 鏡頭 cut 走

△ 《船頭尺》歌曲完，播出《森林和原野》純音樂，出 credit

完

日月

關於《日月》（2020）

〈日月〉MV 是疫情時候的一個 project。

歌詞說的是父子情，本應是以兒子角度去訴說對父親的感情，然而感到關於成年人與年長父輩的故事好像拍過太多，於是反過來，想拍一個年輕父親與兒子的故事。

然而主唱的關智斌（Kenny）保養得太好，要他演一位年輕父親有點太勉強，於是我向唱片公司提議用陳湛文當主演。感謝唱片公司與 Kenny 的認同，讓我任性地又拍了一個主唱人員只有幾個歌唱鏡頭的戲劇性 MV。

這一次，亦是我與陳湛文的第一次合作。

這個 MV 沒有劇場版，所以只能在沒有對白下，全靠演員的演出來撐起整個故事。

而為了方便於疫情期間拍攝，亦為了節省成本，我們決定只用一個室內場景來拍攝。至於是甚麼場景呢？因為疫情期間借地方也是相當難，所以我決定了，哪一個場景最有機會借到，我就用那個場景寫一個故事出來。

終於，團隊成員的朋友在某商場有一間西裝店，他們亦相當樂意支持我們的拍攝，於是我就寫了一個關於一位年輕父親，因為太醉心自己的西裝生意而忽略了家庭，之後離了婚，卻在一次機會下，與一直疏於交流的兒子重拾感情的故事。

而故事的最後餘韻，是這位父親送別兒子後，自己的父親卻到來探望自己，讓他感慨於「父子」這兩字。父親之上又有父親，兒子之下又有兒子；自己是別人的父親，也是別人的兒子，創作時，可能我自己也不自覺地把那時的自己寫了進去吧。

另外再值得一提的是，MV 裡飾演最後出場、父親的父親的演員，是關智斌的親爸爸；而飾演兒子的小演員，則是我現實中的乾兒子，我待他也猶如親兒子一樣。

戲裡戲外，也是父子的故事。

此 MV 現可在 YouTube 中重看

《日月》Music Video 劇本（2020）

編劇／導演：陳詠燊
作曲：陳子龍　填詞：Basy　主唱：關智斌
主演：父親－陳湛文　兒子－吳灝謙　前妻－蒙潔　爺爺－ Kenny Kwan

時：下午
地：西裝店

△　未開舖的舖面 wide shot，父親（未有穿西裝外套）入鏡，開舖

△　父親在舖內搬出裡面的陳設公仔出來

△　跳時間，父親整理好公仔上的衣服

△　跳時間，父親努力用吸塵機清潔地板

△　這時，門外傳來聲音，他望去

△　見前妻帶同兒子突然出現，兒子拿著足球，一身去踢球的造型

△　父親才記起原來今天答應了照顧兒子，不知怎辦，但自己要看店，不能走開

△　與前妻有點小吵，但父親又不想在孩子面前吵，又知是自己理虧，於是忍氣吞聲

△　前妻離去，父親拿起椅子上的雜物，讓孩子坐

△　父親向孩子道歉，孩子像習慣了一樣，點一點頭，拿了部 Switch 出來打

△ 父親感內疚，想討孩子歡心，在櫃檯拿了一瓶朱古力餅出來，孩子沒有理會

△ 父親見他沒反應，不知怎辦，惟有繼續拿吸塵機吸地，但過程中不停偷望兒子

△ 兒子仍黑口黑面的打機

△ 父親吸完地，穿回西裝外套，準備開工的樣子

△ 父親回來，看見兒子仍然黑口黑面，裝作沒有吃過朱古力餅，但其實嘴巴滿是朱古力

△ 父親一笑，大口吃下朱古力餅，故意把嘴巴弄髒，兒子看著，感到自己的嘴巴可能也髒，一抹，滿手朱古力，暗暗一笑，似是破冰了

△ 孩子把 Switch 上其中一個控制器遞給父親，父親很開心，接過想與兒子一起玩，就在這時，客戶 A 到了，父親立即尷尬地抹嘴，放下控制器去招呼客人

△ 孩子無奈，惟有繼續自己玩

△ 父親一路替客人度身，一路望著兒子

△ 櫃檯位，父親寫好單，客戶滿意離開

△ 父親看著兒子，想到甚麼似的，上前要兒子放下遊戲機，要他站起，替他度身

△ 父親替兒子度著度著，想起大抽屜裡好像有些東西，於是走去找

△ 父親找著找著，兒子看著他，不知道他幹甚麼

△ 父親在貨堆中找到了一包西裝出來，滿意一笑

△ 父親替兒子穿袖衫

△ 兒子換好了整套西裝，甚為有型，與父親一樣

△ 父親把煲呔搭在兒子頸上，兒子不知是甚麼

△ 父親對著鏡，為孩子打上煲呔，孩子覺很神奇，對望一笑

△ 二人穿著西裝，坐在舖外吃飯盒，父親夾一件餸給兒子

△ 鏡頭一轉，二人已擺好了 Switch 陣，準備雙打，孩子有心機地講解怎樣玩，父親聽得很感動，很投入，正當父親準備好時，又有客人到，又惟有撇下兒子，孩子無奈

△ 父親努力替客人度身，兒子一直沒有開始，在等父親回來

△ 客人離去，父親回來，發現兒子已睡著了，心裡不是味兒

△ 孩子的頭無處借力，晃來晃去，於是父親立即把椅子搬到他旁邊，坐到他身旁，將他的頭靠在自己肩膊上

△ 兒子睡得很熟，父親看著身邊的兒子，又看看地上的足球，開始哭起來，感慨自己從來都不是一個稱職的父親

△ 父親由流淚到抽泣，到慢慢收起眼淚

△ 時間過，孩子醒來，發現父親正在櫃檯弄鞋盒，完全沒有哭過的痕跡

△ 兒子發現小桌子上放了一個手造的足球遊戲，當中的足球用了一顆西裝鈕來替代，父親放下最後的龍門

△ 兩父子開始玩了，開心不已

△ 父親看著兒子的表情，很感動

△ 玩著玩著，二人又變成了在舖內踢足球，玩得很開心

△ 二人射入了一球，很開心，好像球員入球後般擁抱

△ 就在父親享受著與兒子的擁抱時，母親到來，原來是時候離開

△ 母親看見兒子的西裝，也一笑。三人互相對望一下

△ 兩母子離開，兒子對父親依依不捨

△ 父親走到門外，看著孩子離開，很感慨，這時又有客人來，又變出一個笑容，帶客人進去

△ 時間過，要關舖了，父親把公仔搬回去，才發現地上還留下那個足球

△ 舖面已收拾好，父親抱著足球鎖門，足球不知怎的滾走了

△ 足球滾走，這時一位男士走來，把足球截下，原來是爺爺，他穿著整齊西裝，拿著兩個飯盒到來

△ 父親與爺爺對望，笑了笑

△ 二人坐在門外剛才父親與兒子坐著吃飯的位置，又一起吃飯盒，爺爺夾了一件餸給父親

△ 父親看著爺爺，百般滋味

完

極・愛

關於《極・愛》(2009)

這是一個非常特別的劇本,一場非常特別的演出。

2009 年的時候,我重遇一位電影行業的舊友,她當時是新人溫家恒(Vincent)的經理人。

那時我完全脫離了電影圈,在一間大機構的辦公室上班。有一天她找我,說記起我喜歡寫歌詞,問我有沒有興趣為 Vincent 試寫一首歌,我當然立即答應。

於是我寫了一首關於姊弟戀的〈我的敗犬女王〉(歌名不是我改的……),最後被採用了,我開心不已。

不過這首歌好像沒有派台,Vincent 派了另一首韓式跳舞歌〈極〉上台,成績好像不錯。

到那年年尾的時候,Vincent 以新人身分被邀請到電台參演一場新人巡禮的舞台演出。那時候其經理人找我,她表示 Vincent 到時會演出〈極〉這首歌,但唱歌之前想先有一場兩、三分鐘的戲劇演出,問我可否替他想想故事,寫一場戲的劇本。

其實在這種場合演出短劇,我個人認為不會太有效,因為觀眾當下的心情根本在追星,怎會集中精神看戲?還要在短時間內擠出感情?還要在一個電台 show 的背景板前面演一場抽離的戲?不過經理人朋友十分堅持,那我就答應幫忙了。

最後,我就著〈極〉的節奏與未來感,寫了一個短短的、一個失戀男孩與 AI 女機械僕人的故事。

那場演出，我沒有到場看，也沒有看過錄影。

不過從劇本來看，就是有點尷尬，亦能幻想到當時應該難以讓觀眾投入到，可是當中的情感價值觀，我頗喜歡，如果能夠有充足的戲劇時間，加上換過一個更合適的場合，我相信可以做到一個真正有趣的演出，可惜未能做到。

但就不知怎的，這場短劇一直在我記憶裡不時會想起。

創作，就是如此的難以捉摸。

#〈我的敗犬女王〉與〈極〉可在 YouTube 中重聽

新城 09 熱門新人 show 溫家恒演出部分劇本《極・愛》（2009）

編劇：陳詠燊
主演：Vincent —溫家恒　CC —曹思詩

時：未來
地：Vincent家

△　燈亮，台中央放著一張椅，機械人 CC 正坐著，動也不動，但面帶微笑，目光沒有焦點的望著前方（就像一件被關掉的電器）

△　又一次失戀的 Vincent 傷心地走進來，悶悶不樂的踱步

△　Vincent 拿起手機，打了一個電話

電話 VO：對方未能接聽你嘅電話，請你嘀嘟一聲之後留言……

Vincent：（對著電話）（落寞）係我呀，我打嚟唔係想你回心轉意，我只係想再問清楚一次我哋分手嘅原因，究竟乜嘢叫做——我太愛你？

△　Vincent 想了想，忍住情緒，決定走到 CC 面前，拿起面前的一個搖控器，按下一個掣，啟動了 CC

△　CC 電源被開啟，面上帶著生硬的笑容，她望望 Vincent，發現 Vincent 有點傷心

CC：（緊張）Vincent，你唔開心呀？我陪你去玩吖？

Vincent：（搖頭）我又失戀喇……究竟乜嘢算係太愛一個人？

CC：對唔住，我只係一個機械人，唔識呢啲嘢，不如我整甜品你食，哋你開心。

△ CC 轉身想行開，Vincent 輕輕拉住她

Vincent：陪住我吖。

△ CC 停了下來，望著 Vincent

Vincent：我只係想每一分每一秒都同佢一齊……

CC：我明白。

Vincent：為咗愛佢，我可以為佢毫無保留咁付出，究竟我錯喺邊？

CC：你冇錯，不如我幫你去搵佢，教佢去欣賞你。

△ CC 又走向另一邊，Vincent 又拉著她

Vincent：唔使。人類太複雜，我唔想再愛人類，不如我試下愛你？

CC：（緊張）咁點得㗎？

Vincent：（溫柔）一直以來，都只有你對我最好，我決定要學識欣賞你，即使你只係一個機械人。

CC：（沉默幾秒）對唔住，我係時候要離開你，返去未來喇。

Vincent：點解？

CC：我應承咗自己，若果有一日，你因為我而唔再去愛人嘅話，我就要返去未來，將我嘅電力永遠停止，迫你重新去愛上人類。

Vincent：點解？

CC：（感慨，因為自己其實早就愛上 Vincent）因為……一個唔敢去愛人嘅人，比一個機械人更可悲。

△　CC 擁抱了 Vincent 一下，就轉身離去

CC：（回頭）再見喇！

Vincent：你返去，就會冇晒所有嘢㗎喇，點解你要咁做？

CC：（回頭）可能呢啲，就係太愛一個人嘅意思。

△　CC 離台

△　音樂響起，Vincent 演唱〈極〉

完

前夫的愛

關於《前夫的愛》(2022)

2022 年的某一天，客戶 Samsung 找我，希望我可以為新手機產品 S22 寫一個網絡廣告短片的劇本。而該短片的導演是張敬軒（軒公）。

我當然樂意參與。我問 S22 最大的特色是甚麼，他們說是拍攝功能，尤其是夜景。

當時我與軒公開了個創作會議，他在故事上未有特別想法，只是有兩個方向很想做到，就是影片能回應到一點當下的疫情生態，以及為社會帶來一些溫暖。

嗯，至於形式呢？故事類？抽象類？偏向 MV 的音樂感？還是踏實一點的故事世界？他未有特別的想法。

嗯，即是咩都得，但又或者咩都唔得。

於是我在網上找來很多很多的短片，橫跨不同類型，寫下不同類型在拍攝與製作上的優點與缺點，之後再根據不同的類型，構思了四、五個完全不同方向的故事給他選。最後，他就選了這個關於一位女歌迷想在巴士站偷男團海報的故事。

這個故事的概念是怎樣來的？都是從產品的特性開始構思的。影片想表達手機的夜景拍攝功能，我就在想，除了已拍到悶的香港夜景與招牌外，還有甚麼地方可以有夜景，同時又有合理的光源，而又容易借來拍攝？

我想到了深夜的巴士站，人少，易拍，亦有繽紛的廣告牌作為光源。

而既然廣告牌是影片中最光的東西，它應該就是故事的主要部分。由廣告牌衍生出來的故事，最合理就是有人想偷海報吧？甚麼海報會那麼吸引？應該是偶像了吧。

最初，我也未有想過要暗示是 Mirror 12 子的海報，但巧合是 Mirror 剛好就是 Samsung 當時上一個型號手機的代言者，借用一下那個形象，立即就變得合理了。再加上形象極好的軒公，願意去扮成他們 12 子去製作那張道具海報，一切就更有趣味了。

至於命題……對，即使是廣告，我都堅持要有命題，否則就太流於表面。於是我決定把我這幾年都不停在說的「排除萬難」放了進去。

同一時間，我在寫關於孫中山的舞台劇《日新》，也是說「排除萬難」。

原來，少女偷海報也好，國父要救國也好，只要你想成就自己的夢想，做人就是要排除萬難。

寫劇本，拍電影，也一樣。

此廣告短片現可在 YouTube 中重看

Samsung S22 廣告微電影《前夫的愛》劇本（2022）

編劇／監製：陳詠燊　導演：張敬軒
主演：男人—陳湛文　女孩—麥詠楠
　　　工作人員甲—楊偉倫　工作人員乙—邱頌偉

時：深夜
地：中環街道／巴士站

△　深夜的中環街道，除了路燈外，還有著零星建築物燈光照耀著

△　無人的斑馬線，過路燈由紅轉綠，傳來「噠噠噠噠」的聲響

△　行人很少，到處散發著一份喧鬧過後的寂靜

△　鏡頭一轉，見到一個空無一人的巴士站，有兩個大大的廣告燈箱，裡面賣著 Samsung 手機廣告，海報中站著一隊十二人的男團，相當有型

△　這時一個男人踏進燈箱前，成了一個剪影，他一手抽著一個工具箱

△ 男人停了在其中一個燈箱前，放下工具，在口袋裡掏出了一條鎖匙，熟練地扭開了燈箱的鎖，再慢慢地打開了幾個開關

△ 巴士站旁邊的不遠處，見一個女孩的身影，正在看著整件事的發生

△ 男人用力托起了整個燈箱的前蓋

△ 裡面的海報展露了出來，男人專業地上前慢慢將海報拆下

△ 一個女孩邊按著手機邊「飄」過，裝作自然，但其實瞄了海報一眼

△　男人沒有理他，繼續工作

△　忽然女孩又走了回頭，再經過一次，又瞄了一眼

△　男人留意到她了

△　女孩又再回頭一次

女孩：（生硬地打開話題）哈，換張海報要拎咁多嘢㗎，真係辛苦你……

男人：（頭也不回地說）張海報我唔會畀你㗎！

女孩：（知道被識穿，變臉）（立即拿出一個銀包遞給他）我畀錢你吖！

男人：（拿過銀包，塞回她的袋中）（堅決）我係專業㗎，咁樣對我冇用㗎！

女孩：你唔好咁專業咪得囉！

△　男人沒有理會，繼續拆海報

女孩：求吓你啦！我等咗你成晚㗎喇！求吓你……

男人：（停下手上工作）我成世人都冇畀女人等過，真係好感動！多謝你！

女孩：咁……

男人：係感動嘅……（變臉）但係都唔得，唔好意思！（繼續拆海報）

女孩：（想哭）我求吓你啦！我真係佢哋嘅 die-hard fan 嚟㗎，我等咗好多晚㗎喇！

男人：（氣）等啫，有幾 die，有幾 hard 呀？

女孩：吓？

男人：（有點激動）Hard 呀！困難呀！你有冇諗過主動啲，
搵方法去得到佢吖？

女孩：佢封住㗎嘛！

男好：打開佢囉！

女孩：點打開呀？

男人：用方法囉！

女孩：條街咁多人！

男人：夜晚囉！

女孩：咁好驚㗎嘛！

男人：要成功，就要排除萬難呀！——萬——難呀！ Fans 都
係一種專業嚟㗎！

△　女孩認真想了想，覺得委屈

女孩：但係咁……咁樣做唔係咁好嘅喎……

男人：（冷笑）咁你搵個為咗哋你開心，竟然會走去為你咁做
嘅男朋友囉！

△　此時，貨 Van 在旁邊停下，工作人員甲、乙下車，甲抽
著一張長海報走過來

甲：（向男人叫過來）咦？喂，唔該晒喎！

男人：（加快拆海報速度）唔使客氣！

甲：要換卅幾張呀！有人幫手爭好遠！

男人：得啦，我專業㗎嘛！

△　男人繼續拆，甲、乙與女孩也靜了一會

甲：其實你係邊個呀？

△　甲細心打量男人，他身上的工作人員服有點不一樣，有部分明顯是手工做的

男人：（拆到最後幾下）（冷靜）等等呀……等等……

△　甲、乙與女孩也真的等了等

△　海報終拆下，男人對三人笑一笑

男人：其實呢……

△　男人說話未完，突然急步轉身跑走

甲：（立即追上）喂！咪走呀！

△　女孩看在眼裡，意想不到

乙：（追了兩步就嫌攰，停了下來）你識唔識佢㗎？

女孩：唔識！

乙：（嘆氣）咁夜快啲返屋企啦，條街咩人都有㗎靚女！

△　乙開始換海報

△　女孩想了想，靠了在乙旁邊，擺出生硬的挑逗動作

女孩：哥仔呀？你有冇女朋友呀？

△　乙一呆，不知怎反應

△　片尾音樂響起

△　扶手電梯位，男人走到一個無人發現的位置，喘著氣，但抱抱手上的海報，很滿足

男人：（拿出手機，向 WhatsApp 錄音）BB，我有驚喜仔畀你呀……

△　出演員名：陳湛文

△　巴士站，女孩繼續向乙放電

△　出演員名：麥詠楠

△　乙被女孩挑逗，立即又 chok 出一個俊朗樣子

△　出演員名：邱頌偉

△　甲還是追不到男人，於是走回巴士站，只見他甚為有型，背後還有煙機放煙

△　出演員名：楊偉倫

完

來不及聽你說愛我

關於《來不及聽你說愛我》（2006）

2006年，剛剛我的電影編劇工作有點停滯，有朋友問我有沒有興趣寫一個手機劇場。

那個年代未有智能手機，YouTube也只有家用電腦的網頁版。那個手機劇場的概念是，將一個故事拍成三十段，每段只有短短一分鐘長的短片，讓用家逐日下載，再用小小的手機屏幕去追看。

那時的手機屏幕各有不同，但大都比現在的小很多很多，還有解像度亦相當低，要看得清楚故事的話，應該只能不停地拍攝演員的近鏡，否則只要鏡頭遠一點，連表情也不會看得到。

創作上有一定的困難，不過這個project的人腳與玩法卻相當吸引。故事改編自著名作家Wasabi（青介）的同名小說，主角是陳奕迅與楊千嬅，執導的是著名MV及演唱會導演莊少榮，短片裡每集都會重唱一首改詞的雷頌德經典歌曲選段，而負責改詞的就是故事的原作者Wasabi。

那麼好玩的project，當然要加入。

然而創作是困難的，因為我們應該是香港最早的一代手機劇場，沒有甚麼成功案例可以參考，而我要將一個完整故事分成三十段，還要每段有歌，結尾有懸念引觀眾收看下一集。

挑戰很大，不過總算完成了。

之後，我可沒有看過成品，因為我其實並不是那個網絡商的客戶（哈哈）。

再一個階段之後，商業電台找我，說這個計劃很有趣，不如再改篇多一次，將其變成廣播劇，同樣由陳奕迅、楊千嬅聲演，同樣也保留那批重唱歌曲。

廣播劇是我一直很想試寫的類型，所以又再一口答應了。

要將三十段的短片故事，變成十集，每集十多分鐘，只能靠聲音去演繹的故事，又是另一個考驗。而其中最難的是，原故事是兩個不喜歡溝通的孤獨人，（女主角還要是啞的……）當影像都沒有的話，還可以怎樣去表達情感與所思所想？難道不停地跟空氣自言自語？

最後，我還是用上了擬人法。我將他們身邊的記事簿與小熊寫成有個性的角色，讓兩位主角可以用心聲跟他們談天甚至鬥嘴，那就終於免卻了太過自言自語的尷尬了。

另外，廣播劇版本比手機劇場版長很多，於是我又可以再加添多一些角色與經歷給他們，更可以將我很喜歡的 offbeat 式幽默放進去，其實相當好玩。

再值得一提是，這次談到一種感情狀態，就是——當你太愛一個人，你自己就會慢慢的變成另一個他。這個想法，是脫胎自我很喜歡的電影、劉鎮偉導演的《天下無雙》。

商業二台 903 移動劇場《來不及聽你說愛我》廣播劇劇本（2006）

原著小說：Wasabi

改編：陳詠燊　歌詞改編：青介　監製／製作：光仔

主演：風－陳奕迅　玲－楊千嬅　記事簿－森美　小熊－小儀

角色介紹

玲：二十多歲，一個樂觀開朗的女孩，可惜小時候一場大病後，成了一個啞巴。其實很想到處交朋結友，不過很怕別人知道自己是啞巴之後會拒絕自己。很喜歡聽到聲音，可惜自己的嘴巴發不到聲。與母親同住，關係甚好，自小練習多種不同的樂器，現職是一個「聲音故事創作女孩」，正為一間中學音樂教育機構創作一個名為「當鋼琴遇上結他」的音樂故事。若每個人都有一種屬於自己的聲音，在風心目中，她便是「波鞋膠底踏在樓梯金屬片上的聲音」。

風：三十歲，一個悲觀內向的男孩，不喜歡說話，永遠活在自己的世界。不愛交朋結友，因為覺得自己永遠都不善辭令，常因說錯話而得罪人，漸漸覺得身邊沒有人會明白自己。獨居，剛與拍拖一年的女友分手。喜歡沉迷網絡，寧與不認識的人溝通。現職郵差，蠻喜歡自己的工作，因為不用說話之餘，又可以帶到希望給收信人。很喜歡看電影，但每每會引申出不同的幻想，常將滿腦子古怪的故事寫在記事簿內。若每個人都有一種屬於自己的聲音，在玲心目中，他便是「單車到達樓下時的按鈴聲」。

阿靜：二十多歲的少女，表面上很喜歡看電影，常在 VCD 舖流連。常常說話，但不懂控制情緒，說的話也很易令人誤解。其實以前是一個很內向的人，與風一樣不愛說話，到後來被一個很深愛的男人因她太沉默而嫌棄了。自此迫自己不停說話，不斷主動交朋結友。可是矯枉過正，她的舉動反惹得人人也怕了她。當她遇上風之後，頓覺世上竟有人和她如此相同，不知不覺建立了一段怪怪的感情。

玲母：玲的母親，很疼愛自己的女兒，唯有點八卦，總愛問長問短，若每個人都有一種屬於自己的聲音，在玲心目中，她便是「響亮地叫喚『阿玲』的聲音」。

阿輝：南方路郵政局的唯一職員，甚懶，說話永遠不客氣，風常被他單打得無話可說。若每個人都有一種屬於自己的聲音，在風心目中，他便是「吃杯麵時的啜麵聲」。

路人甲：在玲家樓下售賣二手玩具的小販，說話有點無厘頭，常常聽不明別人在說甚麼，若每個人都有一種屬於自己的聲音，在風和玲心目中，他便是「碰跌玩具時的什物碰撞聲」。

小熊：唯一能聽到玲內心歌聲的「人物」，是玲的唯一知己朋友。

記事簿：唯一能聽到風內心歌聲的「人物」，很喜歡與風鬥嘴。

第一集

玲：（獨白）（輕鬆的語氣）我個名好普通㗎咋，我叫做阿玲，個「玲」字仲係最普遍、最多人用、「玉」字部、右邊做個「令」字嗰個「玲」。我好鍾意呢個名，因為嗌出嚟好精神，好響……

玲母：（大叫一下）阿玲～！

玲：呢，我媽咪就係咁樣嗌我㗎喇，無論佢距離我幾近幾遠，佢都係咁嗌，所以漸漸地，呢吓……

玲母：（大叫一下）阿玲～！

玲：……就成為咗喺我心目中，專屬於佢嘅聲音。係呀，我係成日都覺得，世界上每個人都會有一種屬於佢嘅聲音！例如我仲記得好多好多年前，我爸爸嘅專屬聲音係……

△　傳來有節奏的手指敲檯聲

玲：……就係佢手指敲檯嘅聲音，不過自從佢離開咗我哋之後，就再冇聽過嚕。仲有我窗口樓下個公園度，成日嚟玩捉依因嘅兩個小朋友，同埋佢哋嘅爺爺。兩個小朋友嘅聲音係咁㗎……

△　傳來兩名約八歲的小朋友的玩樂笑聲

玲：而佢哋嘅爺爺呢……

爺爺：（慈祥）喂……小心呀，唔好走咁快呀……

玲：……喺我心目中，佢哋係一幅好溫馨嘅圖畫。我住喺村屋嘅三樓，成日會靠住個窗口望住佢哋玩，呢樣亦都係我最鍾意嘅娛樂。（醒起）仲有呀，我屋企樓下最近有個男仔開咗一個檔攤，好得意㗎，有個天藍色嘅簷篷、蘋果紅色嘅手推車，同我哋樓下嘅一大片草地好襯㗎，上面堆滿住咗收買返嚟嘅舊玩具，有毛公仔啦、鐵皮車，好多我講唔出名嘅都有。我每日落樓下收信嘅時候，就會聽到呢個男仔嘅聲音……

△　傳來推倒一堆什物的聲音

路人甲：哎呀……哎呀……

玲：（笑）係呀，佢係成日整跌嘢㗎！不過我成日都會諗，呢度咁少人行，喺度擺檔賣玩具，有冇生意嘅呢？（又笑一下）……呢啲就係圍繞住我生活嘅聲音喇，每日都一樣，每日都唔厭。我係咩聲音？我自己唔清楚呀，不過應該唔會好嘈。因為，我係啞嘅……

●●●●●●

小熊：（獨白）我係一隻玩具熊，係阿玲嘅爸爸喺佢八歲嘅時候送畀佢㗎，由嗰時開始我就每日坐喺床邊，睇住佢長大。佢好鍾意同我傾偈，唔好睇小佢呀，雖然佢係啞，但係幾好傾㗎！當然，我講嘅嘢得佢聽得到，佢講嘅，亦都得我聽得到。其實我都想多啲人可以同佢有啲接觸，可惜佢從來都唔敢離開呢間屋，最多都只係每日落樓下收信。好彩，佢有一份可以足不出戶嘅工作，就係幫啲學校寫「聲音故事」，咩叫聲音故事？即係每種聲音代表一個角色，唔用對白，純粹用聲音去講角色嘅際遇同埋喜、怒、哀、樂，（醒起）呢，即係《彼德與狼》嗰種呀！

●●●●●●

△　環境聲：玲房

玲：（對小熊說話）喂，熊仔呀，快啲幫我手諗啦，我下個禮拜要交故仔畀人喇！

小熊：你就話由細到大都學音樂啫，我邊會識諗嗝！

玲：（無奈）咁點算呀……

小熊：（借故想引她出街走走）不如你試吓勇敢啲出去行吓，見到唔同嘅景物，可能就會有靈感呢！

玲：（不情不願）唔……出面好危險㗎！

小熊：有咩咁危險嗝，我知你其實一路都想識朋友㗎，咪試吓……（醒起）吖，試吓同樓下賣玩具個男仔傾吓偈囉！

玲：點傾嗝，佢又唔會識手語，寫字又……同埋……佢知我係啞嘅話，又係會笑我㗎……（不開心）

小熊：唔係個個都好似你以前啲同學咁差㗎，你勇敢啲啦！

玲：但亦都唔係個個好似熊仔你咁好㗎！……總之唔准再講呢樣嘢㗎，如果唔係……（笑）我擺你入媽咪房！

小熊：（好驚）哎吔！唔好呀！佢晚晚煲電話粥好嘈㗎！

玲：（笑）嘻……知驚哩？

小熊：不過你都唔可以成世一個人㗎……如果有得揀，你會想同一個點樣嘅人一齊呀？

玲：（認真地想）唔……（放棄）算喇，我咁怪，邊有人會鍾意同一個……一粒聲都出唔到嘅人一齊吖……

小熊：（獨白）阿玲之後就冇再出聲。不過，我其實聽到佢個心諗乜㗎！

歌：玲唱（〈誰願放手〉）

聲音之外藏園地
雖不歡喜也嬉戲
沿途再靜也不放棄不逃避
即使失落仍明白 靜默亦美
玩具熊伴我渡每日也歡喜

誰可跟我渡這生
除非這個夢裡人
同行無言話語不講也願意

多少歡樂常回味
天空中充滿希冀
祈求再遇上不放棄不逃避
今天失落才明白 默默道理
越是懷念你越怕沒法一起

如果失約在這生
無須相約在某年
完完全全共對一生也願意

風：（獨白）（冷冷的）我個名好普通㗎咋，我叫做阿風，風平浪靜嗰個「風」。我唔係好鍾意講嘢，好多人問我點解，話咁樣會冇朋友，我都唔知點答，可能我真係唔介意冇朋友囉……

△　沒有環境聲，只聽見傳來急速的打鍵盤聲，響了差不多十秒也沒有人說話

記事簿：我係一本記事簿，跟咗我個主人都三年喇，佢好少講嘢㗎，不過好鍾意喺我身上面係咁寫嘢，電話號碼呀、地址呀、佢自己諗嘅無謂嘢呀，或者係一啲聽到人哋講過而佢又好鍾意嘅嘢咁，所以我好了解佢，我諗喺世界上唯一可以同佢溝通到嘅，就係得我……而家主人將我擺咗喺檯面，我望住佢上網已經兩個幾鐘，佢一粒聲都冇出過。

風：唔係呀，我頭先好似 kam 咗兩聲㗎……

記事簿：咁都算呀？

風：算！你話出聲之嘛，冇話講嘢呀！

記事簿：睇你對住個 ICQ 係咁打字，你有好多嘢要講咩？有真人喺身邊嗰時，又唔見你有嘢講！

風：唔……（想不到怎答）唔知呀……對住嗰時……唔想講啩…………點知啫……

△　又繼續打字聲

記事簿：雖然佢個人根本辭不達意，問佢又唔知佢答乜，但其實，我係聽到佢個心諗緊乜㗎！

歌：風唱（〈星河感覺〉）

長留這網路不須 說話了	原來這叫做感覺 我願意
沉淪這恬靜感覺 放任飄	全憑這雪亮感覺 去預知
將想說的都說了	天空有顆星似你
沒發聲說了	在那不遠處
電腦溝通過日子	已經閃進我日子
沒聽見誰人聲音	從萬里無崖開始
亦可將心意傳真	叫滿天風雨停止

△　又繼續接回風的打字聲

記事簿：喂，你再咁樣落去，會變自閉，變電車男嗰喎！

風：唔知呀……（迷惘）我淨係知道我好鍾意靜囉！

記事簿：睇得出，你連 ICQ 都冇「啊噢」聲嘅，不如你學吓同人講吓嘢啦，如果唔係個口會退化㗎！

風：點學啫？搵邊個啫！

記事簿：（勞氣）仲使問！梗係先由身邊嘅人開始啦！你同小冰拍咗拖成年，一日都唔知講唔講到兩句嘢！

風：（疑惑）咁誇張？唔係啩……

記事簿：唔信，你自己問吓佢喇！

風：問佢！？……係喎，佢喺邊呀？

△　突然，傳來一下雜誌打中頭的聲音

△　Sharp in 風家環境聲，包括窗外車聲、搬行李箱聲、吵鬧的電視機聲

風：（痛）哎吔！（不明）你做咩搵雜誌掉我個頭呀？

小冰：（兇）你有反應喇咩？我喺度一邊執行李一邊鬧你鬧咗兩個鐘喇，你就一啲反應都冇！

風：（奇怪）你鬧我……兩個鐘！？

小冰：我同你分手喇，我搬走喇！點解你仲係唔可以應吓我，畀啲反應我？當係畀個最後嘅尊重我得唔得呀？

風：……（內疚）Sorry 呀，我頭先真係聽唔到……

小冰：（不明）你聽唔到！？即係我頭先對住空氣講咗兩個鐘頭嘢？你對住部電腦，係咪真係入神到咁呀？……算啦，冇氣再講喇……

△　小冰抽起行李，打開鐵閘的聲音

小冰：（失望）我都唔知，你究竟係從來都唔鍾意講嘢吖，定係從來都冇鍾意過我……

△　小冰關門離去的聲音

記事簿：你仲唔去留住佢？

風：留咩吖，佢啱啱嗰個問題，我都未諗到答案……

△　此時，傳來手提電話響聲

△　響了數下，傳來按掣接聽的聲音

△　風還是沒有開口

老頂：（電話聲）喂？係咪阿風呀？喂⋯⋯

風：（沒精打采）係呀，老頂呀？

老頂：（電話聲）點解你接電話，係都唔鍾意講「喂」嘅啫，講聲「喂」唔使死㗎！

風：（慢幾拍）⋯⋯喂⋯⋯

老頂：（電話聲）（沒好氣）想話你聽，下個星期你要調區呀，嗰度啲住戶少啲，你當係新開始，嘗試學吓主動同人溝通啦⋯⋯

△　風還是沒有回應

老頂：（電話聲）喂，應我吖！

風：（仍是慢幾拍）哦⋯⋯

老頂：（電話聲）（放棄）唉！⋯⋯（掛線）

風：（獨白）我繼續諗住小冰，終於醒覺到呢個「佢對我講嘢而我又完全聽唔到」嘅情況，原來係由我哋開始拍拖嗰陣已經出現。係我嘅問題、佢嘅問題，定係我哋嘅問題吖⋯⋯？

記事簿：（獨白）我望住主人喺度發呆，電腦上面 ICQ 嘅接收訊息符號不停咁閃，佢都無動於衷。終於，喺半個鐘頭之後，我見佢用電腦發咗一個短訊畀小冰，內容係咁嘅⋯⋯

風：（獨白）小冰，只要有真愛，我哋一定會聽到對方嘅說話，但係對唔住，原來我一直都聽唔到。

△　傳來南方路的環境聲，鳥語花香，附近完全沒有馬路的感覺

△　傳來風踏在草地上的聲音

風：（不明）南方路三段，十三號，郵政總局即係邊度呀？

記事簿：你唔係諗住問我吖嘛！我除咗畀你將個開工地址寫喺個身度之外，你知咁多，我知咁多㗎咋喎！

風：（迷路的煩惱聲）哎……

記事簿：（想鼓勵他與人溝通）不如問吓人啦！你老頂都叫你學吓同人溝通囉！

風：咁問邊個呀……（發現）咦！嗰嚿咩嚟㗎，成嚿嘢好似汽水機咁大，但係……咦？（看清楚）有人坐喺入面嘅？

記事簿：埋去問吓啦！記住禮貌啲呀！

△　風走過去

△　傳來阿輝的啜麵聲，明顯正在吃麵

風：早晨……請問你知唔知道南方路三段，十三號，郵政總局喺邊呀？

阿輝：（晦氣）（含住啖麵）咪玩啦！呢度咪係囉！上面寫住嗰喎，你冇眼睇㗎？（繼續吃麵）

風：寫住！？（看見）咦，係喎……唔好意思，冇諗過呢度南方路個郵政總局細得咁過分㗎……請問負責人喺邊呀，我想搵佢呀！

阿輝：咪玩啦！我坐得喺度梗係負責人啦！你係新人，嚟報到吖嘛，叫阿風吖嘛！

風：（唔好意思）係……係呀，唔好意思呀，我見你又冇著制服，成身夏威夷恤咁……

阿輝：（晦氣）知你而家著住套制服好整齊喇！我哋呢度新界地方，蝸牛多過人，著畀邊個睇吖！

風：咁……我哋都要尊重個職業㗎嘛！

阿輝 ：（嬲）嗱！哥仔，我份人冇嘢嘅，就係心直口快，阿哥仔你一講嘢就得罪人，不如講少啲啦！

△　風靜晒，冇答……

阿輝：喂！我同你講嘢呀！

風：你叫我講少啲吖嘛……

阿輝：（放棄）哎……（出力將很大包信放到檯上）咦……

△　一大包信放到檯上的聲音

阿輝：唔講喇，派信啦你去！

風：（疑惑）請問……你叫我去派信……我仲使唔使「哦」一聲咁應你㗎！

阿輝：（真係頂佢唔順）你鍾意啦大哥！行啦！行啦！……架單車喺後面呀！踩得開心啲啦，一路順風呀～

●●●●●●

風：（獨白）我嘅職業，係一個郵差，其實我係鍾意派信㗎，我覺得好開心㗎，淨係唔鍾意派啲無謂嘅廣告呀嗰啲囉，不過而家 E-mail、ICQ 出現咗之後，啲信少咗好多嚕。點解鍾意派信？（認真地想）唔……可以幫人將啲情感傳遞畀另一個人，我覺得好有使命感，好有趣……好似個世界好需要我咁……

記事簿：乜你咁矛盾㗎！又話唔介意冇朋友，而家又話想個世界好需要你！

風：咁……我係人嚟㗎嘛……

歌：風唱（〈放棄世界〉）

在這怪誕世界	就算放棄世界
書簡不要再派	給身邊去錯怪
撳掣輸出心聲邊個未買？	沒法阻止心底的愛澎湃
無奈送信的我　送不出情懷	來日世界總會諒解這情懷
只得廣告不想派	相戀可再高姿態

●●●●●●

△　環境聲，玲家樓下

△　傳來風的單車鈴聲，響了兩下，單車停了下來，放下了單車的支撐架

△　風正在派信入信箱，有信件與信箱碰撞的聲音

記事簿：喂，又話好鍾意派信？呢度三層樓，一梯四伙，咁多個信箱畀你派，仲係黑口黑面咁嘅？

風：咁失戀吖嘛，梗係咁㗎啦……

記事簿：笑吓啦，畀啲人經過見到，咪以為你唔專業囉！

風：頭先個同事都話啦，呢度蝸牛多過人，笑畀邊個睇啫……而且，我失戀到而家，都冇人對過我有笑容啦……

記事簿：（笑）你同小冰拍緊拖嗰時，佢同你都係冇乜笑容㗎啦……

風：（想了想）……又好似係喎！

記事簿：（獨白）我主人派信嘅時候好怪㗎，佢好鍾意幫人拉返直啲皺咗嘅信封，又會抽起晒啲廣告唔派，所以佢每次派信都會派好耐，仲成手廣告信，好論盡咁，呢啲其實算係專業吖，（笑）定係……

△　記事簿的說話聲突然 sharp cut

△　傳來記事簿跌落地的聲音

△　傳來風的腳踢起單車支撐架，單車的鈴聲又響起

△　傳來單車遠去的聲音……

△　傳來波鞋膠底踏在樓梯金屬片上的聲音，玲下樓

玲：（獨白）我每日都會呢個時候落樓收信，亦都係我每日唯一對外面世界嘅接觸，每日一次，差唔多啦！

△　開信箱收信聲

玲：（發現）咦！咩嚟㗎？（拾起，揭揭）記事簿？點解地下有一本記事簿嘅……

第一集完

第二集

玲：（獨白）頭先我落樓下收信嘅時候，執到一本寫滿字嘅記事簿，我初時都仲諗緊應該放番喺度呢，定係幫個失主收好佢？好彩，原來喺樓下擺檔賣舊玩具嗰個男仔，知道係邊個跌㗎。

△　街道環境聲

△　傳來推倒一堆什物的聲音

路人甲：哦，梗係頭先個郵差㗎啦，我係聽到好似跌嘢聲㗎喇，不過唔知跌乜啫！喂，買唔買玩具玩呀？返咗架鐵皮車好靚喎……

△　街道環境聲 out

玲：所以我就執咗佢上嚟，諗住聽日畀番個郵差。

小熊：喂，本記事簿寫乜㗎？

玲：冇睇過呀！人哋啲私隱嚟㗎嘛！

小熊：唔好扮嘢喇，我知你好八卦，我知你好想睇嘅……

玲：（內心掙扎）唔……唔睇呀，冇你咁八卦！我去沖涼呀！

△　時間過，傳來玲洗完澡回房的腳步聲

玲：咦！點解本記事簿會打開咗㗎！熊仔，你偷睇！

小熊：我係隻玩具熊嚟㗎咋，都唔識郁！點睇呀！

玲：（恍然大悟）哦！媽咪！

玲母：（從客廳叫進來）阿玲呀～阿玲～

△　玲母的腳步聲漸大，到了玲房門外

玲母：出嚟食橙呀！……（見玲指著檯頭的記事簿）做咩指住本嘢啫！……（扮嘢）咦，係喎，點解會無端端打開咗嘅……

玲：（獨白）媽咪當然識得睇我嘅手語啦，……除咗佢畀我話嘅時候，佢就即刻會扮睇唔明。

玲母：（扮唔明）咩呀……你講咩呀……畀風吹開咗啫……（承認）係喇係喇，我有睇過，你間房無端端多咗本記事簿，男人字跡嚟嘓喎！我出於關心都要睇吓㗎！……（睇手語）咩話？……（明白）哦，你執㗎！咁唔睇囉……（腳步遠去）出嚟食橙呀～

●●●●●●

△　時間過，深夜的玲房環境聲

小熊：喂！唔好心大心細喇，想睇就睇啦！

玲：（堅決）唔睇呀！

小熊：咁呀，淨係睇而家打開咗嗰頁囉，（魔鬼）你冇專登揭呀，咁啱睇到啫……

玲：（考慮）唔……（自圓其說）咁，我想合番埋佢，都可能會唔覺意望到㗎啦。

小熊：係囉！

玲：（開始睇）唔……啲字好潦喎……

小熊：寫咩呀？寫咩呀？

玲：（讀出來）「只要有真愛，我們一定會聽到對方的說話」……

小熊：講得啱吖……所以你媽咪咪可以同到你溝通，我又聽到你講嘢囉！……（魔鬼）喂，睇多版啦，咪當咁啱畀風吹開咗一頁囉！

玲：（堅決）正一魔鬼嚟㗎！唔睇呀！

△　傳來玲一手把記事簿合上的聲音

△　跟著又傳來玲拿出一張張紙張摺來摺去的聲音

小熊：你做咩呀？

玲：我搵嘢包住佢，大家都唔准睇！

小熊：咁……你都唔使用咁靚嘅花紙啩……

玲：送番畀人，唔通用報紙包咩……

●●●●●●

△　影視店的環境聲

風：（失落的聲線）唔該，可唔可以介紹啲戲我睇呀，最好娛樂性高啲啦！

店員：（冷冷地）咁呢套啦！（拿起一隻碟）（強烈推介）《頭文字 D》，賽車片，又刺激，又好笑，男主角唱歌仲好好聽㖭！

風：套戲有佢唱歌㗎？

店員：冇㗎！

風：哦……咁，是但啦，呢套啦。

店員：你要 VCD 定 DVD 呀？ DVD 啲聲好靚㗎喎！

風：VCD 得喇，我睇戲睇得好細聲㗎……

●●●●●●

風：（獨白）今日我好唔開心，我跌咗我唯一嘅朋友，本記事簿呀，仲連同埋我呢幾年嚟對好多嘢嘅感覺同回憶，所以我買咗套娛樂片嚟平衡吓。其實我好鍾意睇戲㗎，不過我成日會胡思亂想，睇到咁上下，個腦就會自己聯想到另一個故仔出嚟，蓋過原本套戲……

△　風家深夜環境聲

△　風家電影 VCD 播放聲

風：睇完 A 碟，我冇將隻 B 碟換落去，因為我個腦又諗緊另一個故仔。我突然間幻想到……

△　環境聲轉換，變成賽車聲

風：……我就喺秋名山上面，唱歌好好聽嗰個男主角……揸緊嗰架風馳電掣嘅白色車……車頭右邊嗰盞車頭燈，一盞好寂寞嘅車頭燈，每日喺同一條路到飛馳，前面嘅風不停咁吹住我，好凍……呢，個車牌同我講嘢喇……

車牌：喂，右邊車頭燈！

風：咩事呀車牌……

車牌：你女朋友呢？

風：我女朋友？（發現）咦！？係喎，左邊車頭燈唔見咗嘅？

車牌：有冇搞錯呀！自己女朋友唔見咗都唔知，你點做人男朋友㗎！

水撥：左邊車頭燈唔係唔見咗呀，係佢自己話畀主人聽，叫主人拆佢走㗎！

車牌：水撥，點解你會知嘅？

水撥：我睇住佢拆㗎嘛！佢話嫌右邊車頭燈成日唔出聲呀，根本就唔似係一對！

車牌：哎呀，右邊車頭燈，你有冇搞錯呀，自己女朋友唔妥你你都唔知，你點做人男朋友㗎？

△　風又沒有應……

車牌／水撥：喂！同你講嘢呀！應吓人啦！

風：其實我都知，佢都好耐冇對過我笑喇，我都就嚟忘記咗，笑容係點樣㗎喇。

△　南方路，玲家樓下環境聲

△　傳來風單車的鈴鈴聲，單車停下來，風放下支撐架

△　傳來路人甲推倒一堆什物的聲音

路人甲：哎呀……哎呀……

風：先生呀……

路人甲：（推銷）係！想買咩呀？睇你個樣都鍾意懷舊嘌喇，搖搖同扭計骰啱唔啱？扭計蛇我都有喎……

風：唔係呀，我唔係買嘌……

路人甲：哦……（疑惑）我哋啲玩具唔租嘅喎……！

風：唔係……我……想問吓先生你有冇見過一本記事簿啫……

路人甲：記事簿？（認真想了想）唔見喎！

風：唔該……

●●●●●●

玲：（獨白）我今日決定要早少少落樓收信，因為我要畀番本記事簿嘅個郵差。

△　傳來玲家關門聲

△　玲家樓梯環境聲，玲落樓梯腳步聲，即是波鞋膠底踏在樓梯金屬片上的聲音

△　傳來風單車的鈴鈴聲

玲：去到樓梯轉角我停咗落嚟，冇行埋最後嘅幾級落去大堂，因為當我見到個郵差已經派緊信嘅時候，我又有啲驚，決定匿喺度觀察佢一陣先。

△　傳來風派信入信箱聲

玲：（微笑）哈，呢個人好怪嘌，佢一路派，一路幫人抽起晒啲廣告，搞到成手都係廣告紙，左手夾住一啲，右手又夾住一啲，好忙咁……哈，佢見到皺嘅信封，會幫人搣番直嘅喎，但係佢得兩隻手邊做到咁多嘢呀？

△　風跌紙與信的聲音

玲：哎呀，跌晒喇……

△　傳來波鞋膠底踏在樓梯金屬片上的聲音

風：（正在執信）哎呀……（見到玲在幫手執拾）小姐，得喇，等我自己執得㗎喇，唔該晒……

△　二人執信聲，執完，在地上疊好信件聲

風：唔該，呃……（不知說甚麼好）小姐你幾多號信箱呀，我畀啲信你先吖！

△　傳來敲信箱聲

風：哦，303，你等等……

△　在信袋找信的聲音

風：（遞信給玲）嗱……（玲遞包裝好的記事簿給風）你畀我！？點解你有嘢畀我嘅？

△　又傳來波鞋膠底踏在樓梯金屬片上的聲音，玲離去，不過腳步快得多

風：（想叫住玲）小姐……咩嚟㗎呢？

△　拆開包裝紙的聲音

風：（奇怪）咦！？

路人甲：（從檔口叫過來）哦，你頭先講呢本嘢吓話？呢啲叫硬皮簿！你講記事簿邊有人明你講乜嘅啫……

△　玲房環境聲

玲：（很緊張的聲音）熊仔呀，我畀番本嘢個郵差喇！

小熊：係呀，咁你有冇同佢講嘢呀？

玲：冇呀，我淨係聽你講，見到陌生人，驚嘅話，就係咁同人微笑囉！

小熊：咁都好，都叫做嘗試過同陌生人溝通吖，佢個人點㗎？

玲：好似係一個幾好嘅人嚟，做啲嘢仲好傻㗎……我諗，佢唔會睇穿我係啞啩……

小熊：啞咪啞囉，做咩要睇小自己啫！

玲：（沒有回答她）……吖，我有靈感喇！

小熊：咩靈感呀？

玲：我趕住交貨嗰個「聲音故事」呀！不如個故仔就叫「當鋼琴遇上結他」！第一章，就係剛剛相識，鋼琴有啲戰戰兢兢……

△　傳來少許輕快，但疏落的鋼琴聲，戰戰兢兢的感覺……

玲：跟住佢遇上咗結他，結他係一個好有趣嘅人，不過一開始嘅時候，同鋼琴唔係好夾㗎……

△　鋼琴和結他聲此起彼落 as background

小熊：（旁白）我好開心呀，我跟咗阿玲咁耐，佢係第一次會因為接觸到一個陌生人，而得到快樂呀！

歌：玲唱（〈風花雪〉）

陌生的小子	來一杯清風
亂了我的心思	共醉躺於天空
叫我記得傻愕臉兒	你我與天和地互融
畫他的嘴巴	拿一朵鮮花
畫我記憶的他	遞到我的手中
暗暗說聲這刻你好嗎	我再借花向清風相送

△　風家晚上環境聲

風：喂，記事簿呀，嗰個女仔點解包得你咁靚嘅？

記事簿：點知呀，我又唔識佢，佢無寫嘢喺我度……可能因為我靚仔啩！

風：會唔會係因為我靚仔呀？

記事簿：嘩……你覺得有冇呢個可能呢？

風：（想了想）咁又係喎……

記事簿：（試探）你對呢個女仔……有感覺？

風：佢對住我微笑呀……呢個係我同小冰分手之後，第一個見到嘅笑容，雖然佢冇同我講過嘢，但係……（轉話題）喂，我琴晚諗到個故仔呀！

記事簿：又係你啲啲怪故仔呀？

風：係呀，我覺得，我就喺秋名山上面，唱歌好好聽嗰個男主角，揸緊嗰架風馳電掣嘅白色車，車頭右邊嗰盞車頭燈。我係一盞好寂寞嘅車頭燈，每日喺同一條路到飛馳，前面嘅風不停咁吹住我，好凍……跟住……

△　風突然停了下來

記事簿：喂！冇下文㗎喇？

風：有……我喺條路度飛馳緊，左邊嗰盞車頭燈一早就離開咗我，不過我冇介意，繼續一個人照住成條路……點知飛飛吓，對面線有架車迎頭駛過嚟，我同佢嘅右邊車頭燈擦肩而過，喺相遇嘅嗰一刻……我想……我想將佢拆落嚟，成為我嘅左邊車頭燈……

記事簿：嘩！你好狼呀！

風：係喎，又真係好似狼得滯啊可……再度吓先……

記事簿：能夠見到我主人咁快治療到情傷，身為記事簿嘅我，都覺得好放心。

歌：風唱（〈借借你肩膊〉）

多麼的率真和純樸 控制我知覺 她的一笑像令痛苦找得到倚傍	多麼的堅忍和強壯 都必須肩膊 即使黑暗絕望至少找得到倚傍

多麼的想她回頭再	多麼的孤單如流放
看我多一看	借借你肩膊
可否准我靜默醉倒	即使總會寂寞至少
讓快樂停步	倦了便會岸

風／玲：（同聲）我今晚，竟然有啲掛住呢個陌生嘅女／男仔！

第二集完

第三集

△　南方路，南方路附近環境聲

風：（獨白）我係阿風，我好耐都冇試過期待嘅感覺喇……我由琴晚到今朝，都竟然一直咁樣等緊呢一刻嘅發生……呢一刻有咩事？呢一刻……我要去派信囉！

記事簿：我係記事簿呀，而家喺主人嘅後褲袋入面，我好耐冇見過我主人心情咁「雀躍」喇！「雀躍」即係唔單止係普通嘅開心，而係包含咗「期待」，同埋佢對未知嘅事物感到「刺激」。好複雜！？唔算吖，如果試過掛住一個人嘅話，就應該會明㗎喇！

歌：風唱（〈好心好報〉）

說句早	對你好
如何跟她說好	無人希罕我好
如何方不老套	無人欣賞我好
如何至學會不失措	原來你習慣他一套
從來沒有　試過	從來沒有　愛我
說不出的這感覺	看得清楚我知道
這天清早　嫣然微笑	不必得到　不妨陪襯
受用亦美好	但願為你好
她　原來一想到她	他　從來都比你差

連情傷都結疤	仍然死心愛他
誰人撇下我都不怕	垂頭再度聽他欺詐
祈求一再 看見	祈求他說 愛我
見她對我一笑	為何尚未等到
方能 免我時常念掛	可能 這秒時辰未到

風：（獨白）我今日會唔會再見到琴日收信嗰個女仔呢？

△ 玲家環境聲

小熊：（微微高興）阿玲呀，我好耐冇見過你咁樣喇！

玲：（不明）點樣呀？

小熊：一早換定晒衫，好似小學生等去學校旅行咁！你等緊啲好緊要嘅事發生呀？……你好想落去見郵差先生哩！

玲：（死撐）熊仔，你唔好亂講呀，我係……諗住早啲換定去街衫，個人喺屋企做嘢都醒神啲咋嘛！

小熊：（扮認同）哦，原來係咁……（試探）哈，而家幾點呢？唔知夠鐘派信未呢？

玲：而家！？（發現夠鐘）咦！……

△ 玲出門口，關門

玲：（獨白）熊仔講得好啱，我真係有啲期待再見呢個郵差先生，我對佢有一種好奇怪嘅感覺，有少少想同佢接近，但又係有啲驚，就好似……等緊睇一套明知會好好睇，但係又可能會令我好驚嘅驚慄片咁……

△ 傳來風單車的鈴鈴聲，風剛到達

玲：如果真係每個人都有一種屬於自己嘅聲音，喺我心目中，呢幾吓單車嘅鈴聲，就係屬於呢個男仔嘅。不過呢一刻，我覺得佢似係一套驚慄片嘅前奏音樂。

△ 傳來波鞋膠底踏在樓梯金屬片上的聲音

玲：我又再次到咗樓梯口嘅轉角，都係唔敢行落去見佢……

△ 玲家樓下大堂，風派信時的工作聲

記事簿：派信快手啲吖，掛住周圍望小心入錯呀！

風：（不屑）喂，我係主人，你只係一本記事簿，分吓尊卑好喎！

記事簿：（嬲）哦！而家搵到新歡！就遺棄我呢個兄弟喇！哼！以後唔好同我講嘢！

風：喂！咪咁小氣啦！我派得太快，咪可能會撞唔到嗰個女仔囉！

記事簿：係遇到就遇到，係遇唔到嘅話，你喺度棟一日佢都唔會落嚟㗎啦！

△ 風惟有繼續派信

玲：我繼續喺轉角位偷睇佢派信，佢同琴日一樣，都係會幫我哋抽走啲廣告信，拉番直啲信封，但係動作慢咗好多，唔通佢今日有啲唔舒服？

△　繼續傳來風的派信聲

風：隨住手上嘅信越來越少，我越嚟越感到失落，唔通我今日真係唔會再見到呢個女仔？定係……以後都唔會？

玲：望住面前嘅呢個男仔，我竟然覺得，佢畀到一種好奇怪嘅親切感我……我都唔知可以點樣形容，不過可能……佢唔係一齣驚慄片嚟㗎。

△　傳來波鞋膠底踏在樓梯金屬片上的聲音

風：（終於看見玲，感愕然，但又有少許興奮）吓……呃……早晨！

△　二人也沒有說話，只聽見彼此的呼吸聲

△　一會，傳來敲敲信箱的聲音

風：（醒覺）哦，303 號，你等陣……（找信的聲音）唔好意思，303 今日冇信……

△　二人又靜了一會

△傳來波鞋膠底踏在樓梯金屬片上的聲音，玲上樓了

風：你見唔見到佢個樣呀，好似好失望咁呀。

記事簿：佢係咪等緊啲好緊要嘅信，等極都冇所以唔開心呀！

歌：風唱（〈純真傳說〉chorus 改慢了 tempo）

郵差該送希望	曾主宰我的夢
何解竟送失望	曾主宰我生命
沒她的信竟牽引失意的眼光	曾主宰我心 火燙火燙的眼睛
如果這叫失敗	純真早已消逝
甚麼將我出賣	純真怎會虛偽
沒將歡笑給你輸送的信差	純真的愛怎會怎會出了軌
全心想你歡喜	純真早已枯萎

△　風離開，坐回單車上

△　傳來路人甲推倒一堆什物的聲音

路人甲：哎呀……哎呀……（邊收拾地上的盒子邊說）哥仔，唔怪得見你今日派信派得咁慢啦，原來等嗰個女仔，佢好 cool 㗎，我撩咗佢幾個月，佢都冇睬過我，冇人㗎到佢講嘢㗎！

風：佢咁多年嚟都係咁㗎？

路人甲：我點知呀？我喺呢度擺檔賣玩具擺咗幾個月咋喎，識咗你都係兩日，問咁多嘢都有嘅你！

△　風踏單車離去

記事簿：喂，頭先條友講嘢九唔搭八，係咪傻㗎！

風：傻嘅嘢見仁見智嘅啫，我夠成日同你呢本記事簿講嘢啦！

記事簿：你係傻我就不嬲都知㗎啦！不過估唔到你傻得咁過分，會鍾意咗一個唔會鍾意你嘅人之嘛！

風：你又知佢唔會鍾意我！

記事簿：乜你唔記得，你同小冰分手嗰時，喺我身上寫咗啲乜咩？

△　風停下單車，拿出記事簿揭著

記事簿：呢，呢句呀！

風：（讀出）只要有真愛，我們一定會聽到對方的說話。

記事簿：你有冇聽過佢同你講嘢吖！多謝都冇句呀！人哋可能只係鍾意見到郵差，鍾意收信，而唔係特別鍾意……

風：（晦氣）夠喇！

△　風繼續踏單車離去

●●●●●●

△　影視店的環境聲

風：（失落的聲線）唔該，可唔可以介紹啲戲我睇呀，我今日想睇愛情片呀！

店員：（有點冷）愛情片？你要冧定唔冧㗎？

風：唔冧嘅我好了解㗎喇，有冇啲冧㗎？

店員：（想）唔……呢套啦！《電車男》，廢柴追到靚女，啱你睇呀！

風：（有點不滿）你講我呀！

店員：唔係，你話要冧嘅戲吖嘛，我意思係呢套夠「冧」咁解！我點會用「廢柴追靚女」嚟形容你啫……你都唔會追靚女！

△　風家，又是播放著電影的聲音

風：睇完A碟，我又冇換隻B碟落去，因為我嘅胡思亂想又嚟喇，我又諗咗第二個故仔出嚟……

△　環境聲 fade out

△　Fade in 日本地鐵車廂內聲音

風：我幻想到，我就係《電車男》入面個男主角……成日坐住嘅嗰架火車。我每日不停好辛苦咁將啲人運嚟運去。呢，有兩個人喺我嘅體內講緊嘢喇！

女乘客A：係啦！我真係幾鍾意搭火車㗎！又唔使塞車，啲時間又好預好多！

女乘客 B：係啦！仲成日有位坐呢！內籠又夠大，shopping bag 點擺都得呀！

女乘客 A：係啦！架車又唔震，企都企得幾舒服吖！

女乘客 B：係啦！我真係鍾意火車鍾意到不得了！

風：（很大回音，裝作火車廂會說話）你真係鍾意我？多謝晒喎！

女乘客 A：（大驚）嘩！火車識講嘢呀！

女乘客 B：怪物呀！好驚呀！

△　火車開門聲

女乘客 A：走呀！搭下一架喇！

△　傳來二人跑下車的聲音

風：（自言自語）你哋係真係鍾意我吖，定係喺你哋心目中，其實邊架火車都係一樣㗎咋……

●●●●●●

△　玲家環境聲，夜

小熊：阿玲，你做咩咁唔開心呀？電視又唔睇，歌又唔寫，成晚用張被捲住自己！

玲：（疲倦的聲線）我唔知呀……

小熊：你今朝落去見阿郵差先生嗰時究竟發生咗啲咩事啫？

玲：就係咩事都冇發生！我又同唔到佢講嘢，又要扮我唔係啞，又要其實冇信收，我覺得自己棟喺佢面前嗰樣……好唔知點咁呀……

小熊：不如你放開胸襟，聽日開始同佢用手語傾偈吖，如果佢真係想同你做朋友嘅，佢一定會好有耐心咁去嘗試了解你㗎！

玲：（拒絕）唔……熊仔呀！我唔想佢知我係啞呀，佢一定會睇小我㗎！

小熊：會睇小你嘅，就唔值得同佢做朋友啦！

玲：（又拒絕）唔……（想到）咦……如果我每日都至少有一封信收，我就可以喺佢面前扮趕住收信，咁我就可以每日都見到佢，又可以扮到好匆忙咁唔使同佢講嘢囉！

小熊：有邊個會每日都寄信畀你呀？

玲：（開心）我自己寄畀自己咪得囉！

△　玲立即到書檯前拉動椅子，坐下來寫東西

小熊：咁你諗住點寄呀？每日寄個白信封畀自己呀？

玲：你唔記得，我早排幫你影咗好多張相咩？我影得你咁靚，唔好嘥啦！

小熊：咁即係點呀？

玲：用佢嚟做明信片！

小熊：吓！？你咁咪即係要我拋頭露面！？……咁你諗住寫啲咩呀？

玲：（微笑）唔……我要寫……

△　傳來電腦打字聲

歌：玲唱（〈深藍〉）

名字也不識	人放鬆的躺
全沒半點深刻的認識	浮泊於這心深的藍光
仍期待你慰藉	隨同著你暗浪
我厭了獨自嘆息	帶我到陸地那方
誰能傳遞希望	全年尋覓希望
期待明日他親手送贈給我	無盡浮盪中彼此滲入感覺
用那關心眼眸安撫了寂寞寄望	也許一天我變做魚睡在你內
把心釋放	把心釋放

●●●●●●

△　南方路，郵政局環境聲

△　傳來阿輝正在啜麵的聲音

阿輝：（拿出郵袋的聲音）嗱，今日要派嘅信呀！

風：唔該阿輝。

△　風打開郵袋，在找信的聲音

阿輝：（不明）你打開個郵袋喺度搵咩呀？

風：（隱瞞）冇……有一戶有個……小朋友好鍾意收信㗎，我睇吓有冇佢嗰戶啲信之嘛！

阿輝：嗱！阿風，我份人冇嘢嘅，就係心直口快，你做嘢唔好咁戇居啦，個嚫仔有冇信收關你鬼事咩！

風：（笑笑）其實……都關㗎……

歌：風唱（〈或許 未必 不過〉chorus 25）

隨意挑出了屬於她那信件	從貼身加上緊張加上細心
期盼她可以接收到這誠懇	從敏感減去忐忑加上誠懇
每日也見 仍未看厭	已是愛侶仍像摯友
仍是笑意迎面	從沒抱怨疑問
但那點天真	入世的天真
何時才能讓我真的走近	誰還能像你這麼相襯

風：（發現了小熊明信片）咦？佢今日有信呀！仲係明信片嚟呀！

記事簿：明信片？快啲靜靜睇吓講乜啦！

風：點得㗎！人哋啲私隱嚟㗎！

記事簿：咪扮嘢啦！知吓個女仔叫咩名都好吖！

風：（考慮）唔……（自圓其說）咁，我派信嗰時，都可能會唔覺意望到㗎啦

記事簿：係囉！

風：（開始睇）唔……咦，電腦打字嚟嘅喎……完全冇人名㗎……

記事簿：寫咩呀？寫咩呀？

風：（讀出來）「早上清新的空氣為一天添上了動力，可是，還比不上你臉上的那含蓄但親切的微笑。你是我的晴天娃娃！」

△　風與記事簿也靜了下來

風：（凝重）唔通係佢男朋友寄畀佢嘅？佢已經有男朋友？

第三集完

△　南方路環境聲

風：（獨白）我係阿風。今朝我去派信之前，專登搵吓有冇303嗰個女仔嘅信，終於畀我見到一張用玩具熊嘅相整成嘅明信片。上面冇寫收信人同寄件人個名，只係用電腦打字貼上：（讀出來）「早上清新的空氣為一天添上了動力，可是，還比不上你臉上的那含蓄但親切的微笑。你是我的晴天娃娃！」

記事簿：梗係男朋友寫㗎啦，如果唔係點會寫啲咁感性嘅嘢吖！「晴天娃娃」喎！仲唔冧死咩！

風：又係嘅，人哋呢啲咁好嘅女仔，點會冇男朋友吖！

記事簿：估唔到你啱啱開始暗戀，就即刻失戀咻……

△　玲房環境聲

小熊：阿玲，你估阿郵差先生會唔會留意到你寄嗰張明信片吖嗱？

玲：（微笑）唔知呀，不過你張熊仔相咁靚，拎上手可能都會望兩眼啩！

小熊：你估佢又會唔會偷睇你寫嗰啲字吖嗱？

玲：（思考）唔……睇咗都唔怕啦，佢都唔會明我講乜㗎啦！

小熊：（笑）如果佢可以叻到睇得穿，你其實係講緊說話畀佢聽嘅話，佢就可以做你肚裡面條蟲喇！

△　玲家樓下，風正在派信的聲音

記事簿：喂，派信派得專業啲，失戀大晒咩，唔好咁黑口黑面啦！

風：（不屑）喂，我係主人，你只係一本記事簿，分吓尊卑好喎！

記事簿：（嬲）哦！又嚟發爛渣吓話！哼！以後唔好同我講嘢！

△　傳來玲家關門聲

△　玲家樓梯環境聲，玲落樓梯腳步聲，即是波鞋膠底踏在樓梯金屬片上的聲音

玲：仲未有單車嘅鈴鈴聲嘅？唔通我遲咗，佢已經派緊信？

△　傳來波鞋膠底踏在樓梯金屬片上的聲音

△　傳來風派信入信箱聲

△　傳來波鞋膠底踏在樓梯金屬片上的聲音，玲走落大堂

風：（冷冷地）Hi……

△　二人又靜著，只有呼吸聲

△　傳來敲信箱聲

風：（冷冷地）303 吖嘛，你有一封呀，嗱。（遞給玲）

△　二人又頓了頓

△傳來波鞋膠底踏在樓梯金屬片上的聲音，玲返上樓，但走得很大力

記事簿：咩事呀？淨係聽佢腳步聲就知佢好唔開心喎！你做過咩嘢呀？

風：冇呀！

記事簿：都話你唔專業㗎啦，人哋可能有男朋友啫，就即刻無啦啦黑口黑面咁對人，係人都畀你嚇親啦！

風：（疑惑）真係？我好黑口黑面咩？

歌：風唱（〈野孩子〉）

誰知我這種男孩子	明知愛這種男孩子
也真可憐如此	也許只能如此
為了這無聊醋意	但我會成為你
傷了這心愛女子	最牽掛的一個女子
儘管現在後悔不知如何償罪過	朝朝暮暮讓你猜想如何馴服我
下次跟她見面　學懂不應自私	若果親手抱住　或者不必如此
她雖無言卻會親切笑笑如孩子	許多旁人說我不太明瞭男孩子
今日落幕像是一種最大明示	不受命令就是一種最壞名字
接過這個懲罰	笑我這個毫無辦法
讓我不安的過日子	管束的野孩子
明日我　絕不敢多放肆	連沒有　幸福都不介意

△　玲家環境聲

小熊：做咩事呀阿玲？做咩咁唔開心咁呀？

玲：（擔心）熊仔呀，佢畀番張明信片我嗰時，黑晒口面，好似好唔想見到我咁呀！唔通佢……有嘢嬲咗我？

小熊：你哋三日加埋都見唔夠兩分鐘，邊有機會整嬲佢呀！

玲：（緊張）唔通佢識穿我係啞嘅？

小熊：你唔好再成日咁樣諗啦！我諗佢係冇嘢㗎！

玲：（自卑）定係，佢真係冇嘢呀……係冇嘢到，佢根本冇在意過我呢個人呀……

△　影視店環境聲

風：（失落）唔該，我想……

店員：介紹啲 VCD 你睇吖嘛！你今日想睇邊啲戲呀？

風：有冇啲戲可以教我點樣去……（不知怎開口）

店員：去……（估）……去旅行？Discovery Channel 嗰啲呀？

風：唔係，係去……追求一個女仔呀？

店員：（明白）哦……追女仔吓話，梗有啦！

風：有？

店員：有！（放下一隻碟）《精裝追女仔》啦！

風：（想不到）吓？……有冇第另一套呀？

店員：另一套？（想了想）有《精裝追女仔 2》！

風：（其實不想看）呢啲我都睇過喇，有冇啲冇咁……冇咁「笑」㗎……

店員：咁呀！（又想了想，放下一隻碟）呢套啦，西片，《Love Actually》，一套戲入面有好多個故仔，總有一個有嘢學啩！呢隻 VCD 係最後一隻嚟㗎喇！

風：（望著 VCD）《真的戀愛了》？（自嘲）哼，我知吖！

靜：（突然出聲，好興奮）嘩！《Love Actually》！？呢隻 VCD 唔係斷晒㗎喇咩？（一手搶過）我要呢隻吖！

風：（措手不及）喂，小姐呀，隻碟我揀咗嘅喎，你一手咁搶……唔啱嘅喎！

靜：（理直氣壯）咁你畀咗錢未吖？未畀即係個個都買得啦！

風：（好嬲）咁唔得㗎小姐，我唔可以……連隻 VCD 都畀人搶埋㗎！我咩都冇㗎喇！

△　二人也靜了一會，只聽見風氣憤的呼吸聲，靜看似屈服

靜：（突然出聲）（輕挑）都唔知嗡乜！（向店員）收錢吖！

△　靜放下錢，離去

風：（失落地向店員）你話係最後一隻嚟嘅可？

店員：係呀！

風：（失望地）咁冇嘢喇……（開步離去）

店員：（叫住風）先生！不如我介紹另一隻碟你睇吖！

風：（回頭）咩碟呀？

店員：DVD，西片《Love Actually》！

風：（不明）咩話？你頭先又話最後一隻！睇住我哋爭都唔拎出嚟？

店員：你話要 VCD 吖嘛！都冇話 DVD ！ VCD 同 DVD 係兩隻碟嚟㗎嘛！

△　環境聲漸細

●●●●●●

△　玲家，傳來鋼琴獨奏聲，有點伶仃

熊仔：聽日張明信片你寄咗未呀？

玲：（失落）畀咗媽咪去寄喇……

熊仔：（想安慰她）咁你今日喺上面寫咗啲咩呀？

玲：寫咩都好啦……冇所謂啦……

熊仔：（不知說甚麼好）阿玲啊，你個音樂故事乜唔係叫做「當鋼琴遇上結他」咩？點解今日彈嚟彈去都係得鋼琴嘅？

玲：因為……結他今日冇睬鋼琴囉……

△　鋼琴繼續獨奏著

小熊：（獨白）我好唔想睇到阿玲咁唔開心，最衰我只係一隻唔識郁嘅玩具熊，如果唔係，我一定會去問清楚郵差先生，究竟佢諗緊乜嘢……

●●●●●●

△　風家環境聲，正在播放電影的聲音

風：可能係 DVD 唔使轉碟嘅關係，我難得地喺屋企播晒成套戲。佢其實係講好多對男女發生咗啲感情事，個個都係大團圓結局嚟㗎，不過我冇留心睇，淨係知個故事跳嚟跳去，有時講吓呢個，有時講吓嗰個，有啲故事之間有啲關係，有啲係同其他嘅故仔一啲關係都冇……睇睇吓，我突然覺得我就係一條故事線……

△　環境聲轉換，西片愛情喜劇式配樂

風：咦？我呢邊個故仔，個作家開始認識個講葡萄牙文嘅女管家囉喎，阿編劇呀，其他啲故事線發展成點呀？

編劇：（敷衍）都係咁啦！

風：（害羞）……請問，你可唔可以安排我同其他故事線遇上，唔好等我孤伶伶呀……

編劇：得啦，等吓啦……

△　時間過

風：咦？我個故仔嗰邊，個作家開始鍾意咗個女管家囉喎……點解仲未遇上其他故事線嘅……畀我遇上 Hugh Grant 嗰條得唔得呀？ Mr. Bean 都好吖！

編劇：得啦，等吓啦……

△　時間過

風：（激動）我呢邊完囉喎！點解 Hugh Grant 個故事會聯上咗愛瑪湯遜，但係我都仲係孤伶伶嘅！你呃我！

編劇：咪咁啦，我寫寫吓覺得你唔應該遇上其他故仔吖嘛！你個故仔同其他冇關，咁萬一老闆嫌套戲長，咪可以淨係抽起你個故仔唔要，多你一個唔多，少你一個唔少囉！

風：（失望）點解……點解要揀係我喎！

編劇：因為……我問過其他故仔，佢哋都話唔想同你有拏掕呀！

△　南方路，郵政局環境聲

△　風在郵袋找信的聲音，終拿出了一封信

風：今日佢又有玩具熊明信片喇！一定又係佢男朋友！

記事簿：快啲睇吓寫乜先啦！

風：（讀出）「天沒下雨，但你的心卻不是晴天，雨沒撇在我的臉上，卻打在你的心內。你臉上的笑容失蹤了，我可以把它尋回嗎？我想跟你的笑容飛縱，無論有多遠！」……好似幾深咁喎……

記事簿：（興奮）今次得喇！

風：得咩呀？

記事簿：「你的心」咩唔係「晴天」，又咩「笑容失蹤了」，仲唔係佢男朋友得罪咗303個女仔，而家寄張嘢嚟𥚃煲咩！

風：咁我應該點呀？

記事簿：梗係即刻喺佢面前爭取表現啦！

歌：風唱（〈發熱發亮〉）

看著信內對白
似在暗示一腔自責
你用信內說話
計劃發動籮煲妙策

我亦有著計劃
發動說話窩心妙策
要在這日發力
試著對話驚心動魄

我在發熱發亮
隕石鑽石失色無相
我在喊著笑著
震盪震盪洶湧而上

△　玲家樓下環境聲

風：（正在派信）我見到佢嘅時候，應該要講啲咩好呀？

記事簿：我點知呀！

風：你又叫我爭取表現！

記事簿：我知要爭取表現，但係唔知要講乜吖嘛！……吖，諗到！通常啲戲，討好個女仔都係由關心開始㗎啦！

風：關心？

△　傳來波鞋膠底踏在樓梯金屬片上的聲音，玲下來了

風：（醒神）早晨！

△　玲只停下了腳步，沒有作聲

風：你幾點起身呀？耐唔耐呀？

△　二人靜了

風：你唔明？其實我意思係……如果你係起身冇耐，即係你一瞓醒就落樓啦，天氣咁凍要小心呀！如果你有冚啲厚嘅被……咁快一冷一熱，就好易感冒……你明唔明呀……

△　二人又靜一靜

△　玲敲一敲信箱

風：（醒覺）哦，303，有！你今日有一張明信片呀！（遞給玲）嗱！

△　玲接過，頓了一頓，又跑了上樓，波鞋膠底踏在樓梯金屬片上上樓的聲音

風：（興奮）記事簿，你見唔見到呀！佢對住我笑呀！

記事簿：（嘆氣）唉……

風：「唉」咩呀？

記事簿：你唔記得你之前喺我身上寫咗啲咩呀？

△　風揭記事簿

記事簿：「只要有真愛，我們一定會聽到對方的說話呀！」你同小冰就係冇溝通先分手啫……呢個女仔咁耐都冇同你講過一句嘢呀！最多都係笑吓咋，對你有興趣極都有限啦！

歌：風唱（〈今夜很寧靜〉）

今晚特別寧靜　空氣特別平靜	今晚特別寧靜　空氣特別平靜
為何你對我　總像夜靜	前塵再細聽　不斷辨認
仍然是沉默從沒半聲	無窮淚兒在愚弄眼睛
怎會靜默無話　請你開開嘴巴	今晚特別寧靜　天氣特別平靜
來和我細說　心內夢話	祈求你看見　今夜寂靜
求明白常伴沉默背影有多可怕	人寥落時就如沒背影你可高興

風：（獨白）點樣嘅人先有資格聽到你把聲吖……

第四集完

△　玲家環境聲

玲：（獨白）今朝我落去收信嘅時候，郵差先生同之前嗰日相差好遠，佢唔單止冇再對住我黑口黑面，仲竟然開口同我講咗好大段嘅說話，雖然我唔係好知佢講乜，但係我感覺到，佢係有啲關心我……

△　鋼琴聲響起，漸漸地插入結他聲

小熊：（開心）阿玲呀，你個「當鋼琴遇上結他」嘅音樂故仔，終於有第三集喇！我聽得出……你個結他同個鋼琴好好傾喎！

玲：普通啦，不過聽聽吓，我都係覺得結他嘅聲音多咗啲，我最鍾意嘅，都係初初第一次見面嗰時，傻傻哋，有少少憂鬱咁笑，唔係點講嘢嘅佢……

小熊：（驚訝）大件事喇阿玲！

玲：做咩呀？

小熊：你頭先用咗「鍾意」呢個詞語嚟形容佢呀！你……真係「鍾意」咗郵差先生呀？

玲：（措手不及）吓？……唔係呀，我形容……結他同鋼琴個故仔之嘛！……我點會鍾意佢啫……加埋見過都唔夠五分鍾……唔係嘅……（自己都有點懷疑）唔係啩……

△　南方路，郵政局環境聲

△　傳來阿輝正在啜麵的聲音

阿輝：（拿出郵袋的聲音）唪，今日要派嘅信呀！

風：唔該阿輝。

阿輝：你今日個樣做咩呀？

風：（不明）咩呀？

阿輝：你笑喎！（關心）你做咩今日唔黑口黑面呀？你冇事吖嘛？

風：（笑）冇事呀！

阿輝：有病記住睇醫生呀，病向淺中醫，如果唔係手尾好長㗎！

風：哦……

●●●●●●

記事簿：阿風，不如算啦，303 個女仔都唔同你講嘢，佢對你冇興趣㗎！

風：（正在找郵袋）畀啲時間我吖……（找到）喂！又有玩具熊明信片喇！佢男朋友又嚟喇！

記事簿：佢講咩呀？講咩呀？

風：（讀出）「你竟然開口說話。其實，你那憂鬱的笑容背後，已有千言萬語，聲音破壞了笑容後的率真。你的沉默才是世上最動聽的聲音！」

記事簿：佢個男朋友叫 303 個女仔沉默番啲……？

風：（好嬲）你睇唔睇到呀？佢話佢「竟然開口說話」呀！呢個人……竟然聽過個女仔把聲呀！

記事簿：你唔好咁激動先啦！咁人哋係……人哋係男朋友嚟㗎嘛……

●●●●●●

△　玲家環境聲

玲：熊仔，我落去喇！

△　傳來玲家關門聲

△　玲家樓梯環境聲，玲落樓梯腳步聲，即是波鞋膠底踏在樓梯金屬片上的聲音

歌：玲唱（〈紀念日〉）

平淡的他　竟掀起浪漫傳奇 在這寂寞大堂　每天的等你 無論帶我甚麼　無論有否驚喜 也是美	平淡之中　找一些特別日期 在這特別日期　慶祝得到你 無論要幹甚麼　時日共你一起 也是美

△　傳來風單車的鈴聲，風已到了玲家樓下

玲：（害羞）佢到喇。我已經冇再咁驚同佢接觸，不過我都慣咗喺轉角位匿埋，等佢派緊信嘅時候，我先至扮做若無其事咁慢慢行落去收信。（開心）我係女仔嚟㗎嘛！梗係要矜持啲啦，點可以畀佢知道我等佢㗎！

△　風開始派信的聲音

△　傳來波鞋膠底踏在樓梯金屬片上的聲音，玲下樓

風：（冷淡但大聲）早晨！

△　玲不知怎反應，二人又靜了下來

風：（又大聲多說一次）早晨！

△　又靜了一靜

風：（嬲）我同你講早晨呀，你知唔知你唔同我講番早晨係好冇禮貌㗎！

△　突然傳來玲的抽泣聲……

△　傳來波鞋膠底踏在樓梯金屬片上的聲音，玲跑上樓

路人甲：（突然走過來）喂！你做咩無啦啦鬧人呀！

風：（自己也一呆）我……我都唔知呀……

路人甲：唔知！？鬧得咁大聲都唔知！人哋唔鍾意同你講嘢咪唔同你講嘢囉！

風：對唔住呀……（內疚）對唔住呀……

路人甲：我喺佢樓下擺咗檔幾個月佢夠一句都冇同我講過啦！有冇見過我會鬧佢吖！我呢啲咪風度囉！……你學吓我啦！（失望）你咁樣我真係幫你唔到呀！……我返去擺檔喇！（返回檔口）

記事簿：連嗰個怪人都可以鬧得咁有道理呀！睇吓你今次幾過分吖！

風：知喇……咁我可以點做呀……

△　影視店門外環境聲

△　風腳步聲經過，沒有走進去

店員：喂，先生，你今日唔買戲睇呀？我有好嘢介紹畀你喎！

風：唔喇，冇 mood 睇戲……

店員：哦，咁你有番 mood 嗰時返嚟搵我喇！（返回舖內）

△　風繼續行，突然有人拍了他膊頭一下

靜：喂！我等咗你好耐喇！

風：（不明所以）小姐……你同我講嘢呀？

靜：（熱情）我拍你膊頭梗係同你講嘢啦！你食咗飯未呀？去咗邊呀？咁晏嘅今日？

風：我……唔識你嘅喎……

靜：咩呀！琴日同你爭碟嗰個女仔呀！好惡嗰個呀！《Love Actually》呀！

風：（記起）哦……

靜：我覺得有啲唔好意思，又大家都叫有啲緣分吖！我琴晚睇完隻碟喇，咪拎落嚟借畀你睇囉！等咗你成粒鐘啦！喂！點呀你今日？個樣愁愁哋咁喎！

風：係呀……愁呀……

靜：喂，點呀！有咩大不了咪瞓餐勁嗰囉，瞓醒又一條好漢啦！食咗飯未啫？

風：食……返去煮囉！

靜：煮咩吖！大家咁好傾，食住傾啦！

風：食住傾？

風：（獨白）唔知點解，我真係跟咗呢個女仔去食咗一碗雲吞麵，呢一餐好抵㗎，因為我只係畀咗十六蚊，就坐咗四個鐘頭。呢四個鐘頭入面，個女仔不停咁講嘢，講嘢嘅數目，直頭係我一年嘅總和。佢由細個讀邊間幼稚院開始，一路講到佢小學畢業。係呀，淨係呢度已經講咗四個鐘喇！佢話有啲口乾，聽日先開始講佢嘅中學生活。當然啦，我根本就冇留心聽，但係我竟然覺得有人喺我耳邊不停咁講嘢嘅感覺，其實都幾有趣。我唔知點解佢要對我咁熱情，不過成晚入面，我好記得佢呢一段說話……

△　粥麵檔環境聲

靜：（熱情）你快啲睇呢套戲啦！好好睇㗎！睇咗你可以同我傾吓劇情吖嘛！

風：其實我琴日睇咗喇，不過劇情……我唔係睇得好留心咋……

靜：咁得啦，有睇就得啦，我就係想講，你覺唔覺呢……啲故仔分開一個個唔係唔好呀，但係點解有啲最後會黐埋，有啲又伶伶仃仃，好似驚老闆唔鍾意，隨時拎得走，多一個唔多，少一個唔少咁啫！

△　風一呆，沒有回答

靜：喂，你做咩呆咗呀？做咩唔講嘢呀？你有冇睇㗎套戲究竟？你唔明我講咩呀？……

風：（吃驚）我明呀……我真係明呀……

△　環境聲 fade out

風：（獨白）呢個咁多嘢講嘅女仔，個名叫做阿靜。

△　南方路環境聲

風：（獨白）我今日繼續工作，不過見唔到玩具熊明信片，甚至，我見唔到佢落嚟收信。

記事簿：（獨白）我係記事簿呀，我主人今日由收到郵袋，發現冇玩具熊明信片開始，佢就冇再同我講過嘢……只係人哋男朋友寄嘅明信片啫，其實唔應該唔開心，不過我知道，佢嘅感覺，佢係怕……自此唯一可以捉住呢隻紙鳶嘅線都斷埋……

歌：風唱（〈七友〉）

原來無照顧到你的感受	誰人曾照顧過我的感受
恨意昏頭 引誘我出口	待我溫柔 吻過我傷口
留傷心的一句話	能得到的安慰
講不出補救話	是失戀者得救後
一朝開口便失手	肯感激忠誠的狗
從來無注意你會不好受	誰人曾介意我也不好受
妒意竟然 變作了兇手	為我出頭 碰過我的手
留低這痛心的傷口	重生者走得的都走
誰人願令天使憂愁	誰人又為天使憂愁
如何贖我內疚	甜言蜜語沒有
問這次我可會得救	但卻有我這個好友

△　玲家環境聲

小熊：（獨白）我係熊仔呀，已經夠鐘落去收信喇，不過阿玲都無動於衷，其實由佢琴日收完信返嚟開始，已經冇做過任何嘢，冇同我講過嘢，不過我知，佢係心軟㗎……

歌：玲唱（〈好心分手〉）

他竟開口刺傷我	好心一早放開我
從來說話也不多	從頭努力也坎坷
怎麼一說即錯	統統不要好過
明明憤怒似失火	來年歲月那麼多
但憤怒難繼續	為繼續而繼續
換上牽掛懲罰我	沒有好處還是我
就告別了一天之多	若注定有一點苦楚
竟然沒想起他有錯	不如自己親手割破

●●●●●●

風：（獨白）我今晚又同阿靜去咗食雲吞麵，聽佢由中一開始，講到中五會考。我當中不停咁有一種感覺，就係……我好想將我同303個女仔嘅事講畀佢聽……

△　麵檔環境聲

靜：（正在滔滔不絕）……咁我就返去搵班主任啦，點知佢問（笑了起來）……佢問我係邊個喎！哈……你做咗我三年班主任但係唔認得我喎……哈……

風：阿靜呀，我有啲嘢想講呀……

靜：（立即收起了笑容）好呀，我其實都講到攰攰哋喇……

風：我鍾意咗一個女仔……

△　麵檔環境聲，風人聲 fade out

風：（獨白）我將成件事由頭到尾講一次畀佢聽，我唔係好識講故仔㗎，所以個過程應該唔係好動聽，不過阿靜都好留心咁聽晒。講完之後我發現，原來我同 303 個女仔，夾埋嘅見面時間應該唔夠五分鐘，但係講出嚟，竟然係一個要講一個鐘頭嘅故事。

△　麵檔環境聲 fade in

靜：好簡單啫！爭佢返嚟啦！

風：爭？佢有男朋友喎……

靜：（有點激動）搵到真正鍾意嘅人，就一定要出盡力去爭取呀！點解要驚個對手啫，你有權畀到個女仔更大嘅幸福㗎嘛！

風：但係我……（沒有自信）我點同人爭……

靜：（突然哭了出來）畀啲信心啦！畀啲信心就冇嘢唔得㗎喇！……

△　靜突然哭著衝了出去

風：（獨白）我講故仔講得咁難聽，佢應該唔會係因為投入我嘅故事而為我傷心，睇住佢走，我冇追出去，因為我唔知追到嘅話要講啲乜，不過佢對我講嘅說話，我反而有啲明……

△　南方路環境聲

風：有喇！又有玩具熊明信片喇！

記事簿：點呀？快啲睇吓啦！

風：（讀出）「聽不進耳的說話也能傷人，痛的是你，痛的亦是我。是你傷我多，還是我傷你多？」……

記事簿：（細想）「聽不進耳的說話」……佢講你呀！

風：講我？佢男朋友點解會提到我呀？……（想到）佢將我嘅事話畀佢男朋友聽！？

記事簿：你揚咗喇！而家人哋男朋友都知喇！咁你諗住點呀？

風：我……我要當面同佢道歉……我要同佢男朋友交手！

第五集完

風：（獨白）我喺張玩具熊明信片上面，知道 303 個女仔，應該將我早幾日激嬲佢嘅事，話咗佢嘅男朋友知道。佢嘅呢個隱形男朋友，我從來都冇見過，但係我已經決定要同佢交手，我要用盡我嘅方法，令 303 個女仔，得到更大嘅幸福！

記事簿：阿主人呀，咁請問你諗到用啲咩方法，令佢得到幸福未呢？

風：未……

●●●●●●

△　玲家環境聲

小熊：阿玲呀，你兩日冇落過去收信喇……你今日落唔落去呀？

玲：未知呀……

小熊：當畀次機會自己，又畀次機會人哋啦……

玲：畀我諗多陣先啦……

△　玲家樓下環境聲

△　風正在派信的聲音

記事簿：唔使周圍望喇，佢係落嚟嘅，你實會聽到佢落樓梯嘅聲㗎。

風：佢真係嬲我嬲咁耐……

記事簿：你係想道歉嘅，不如寫張咭放入信箱畀佢啦！

風：唔得，我要當面同佢講……

記事簿：佢係要唔落嚟，唔通你上去拍人哋門咩……

風：好！

記事簿：（吃驚）你唔係真係諗住上去拍門吓話？

風：唔係呀，我「好」係即係，我決定坐喺樓下等佢，等到佢落嚟為止！我要用誠意贏佢嘅男朋友！

歌：風唱（〈她比我醜〉）

他知道的 甚麼都比我多 大方關心你 不用怕闖禍 但我只可每次看你步過 沒作一聲也沒對談 哪裡有過認可	她比我醜 但竟可偷你走 內心鬆口氣 不用再忍受 若覺得她也算世界獨有 但我怎可看著你們 愛到直至白首

△ 玲家環境聲

△　傳來鋼琴音樂

小熊：阿玲呀，你又要唔開心，又要掛住佢，但係又要唔見佢，你咁樣係唔會解決到問題㗎！

玲：（失落）忘記佢咪得囉！

小熊：係忘記到你就唔使咁啦！你個「聲音故事」兩日冇諗過喇！睇你遲啲點交貨畀人！

玲：我係諗唔到啫，唔係冇諗過，唔關我掛住個人事！

小熊：你日日困自己喺呢四度牆入面，連窗簾都閂埋，梗係冇靈感啦！（試探）不如你試吓出去兜個圈，搵吓靈感，都過晒派信時間，嗰個人都應該走咗啦！

玲：我淨係開窗得唔得呀，我唔想出呢個門口呀……

△　玲拉開簾，把窗打開……

玲：（愕然）吓……

小熊：咩事呀？

玲：佢……（估不到）佢坐咗喺公園度呀……

小熊：邊個佢呀？

玲：郵差先生呀！

△　公園環境聲

記事簿：主人呀，你好似仲有其他信要派喎……

風：唔驚，仲有時間……（發現）咦！？

記事簿：「咦」咩呀？

風：303 呀！喺窗口望緊落嚟……佢望住我呀！

△　玲家環境聲

玲：（緊張）佢望緊上嚟，佢望住我呀！

小熊：佢專登喺樓下等你呀？

玲：我唔知呀……

△　公園環境聲

記事簿：主人呀，你諗住除咗同佢對望之外，仲有咩打算㗎？
因為你哋都望咗好耐吓囉喎……

風：我諗住……同佢道歉囉……

記事簿：咁呢個「歉」你諗住幾時「道」呀？

風：（堅決）而家！

△　玲家環境聲

玲：佢企咗起身呀……佢行緊過嚟我個窗下面呀……

風：（大叫）喂～係我呀～

△　玲家樓下

風：（大叫）我喺度等你呀～點解你呢幾日唔落嚟呀？

記事簿：（小聲）喂，你嗌得咁揚，不如早啲入正題啦，如果唔係佢門窗就聽唔到㗎喇！

風：（小聲）係喎！（大叫）係我呀～我淨係想同你講～對唔住呀～

●●●●●●

△　玲家

玲：佢同我講對唔住呀……

小熊：咁咪好囉，你咪原諒佢囉！

●●●●●●

風：（大叫）嗰次係我衝動，我唔啱，對唔住呀！你原諒我啦！

△　二人靜了下來

風：如果你原諒嘅，你應吓我吖！

●●●●●●

△　玲家

玲：（驚）點算呀熊仔，佢叫我應佢呀！

小熊：（失方寸）咁……我都唔知喎……不如你用手語同佢講啦！

玲：（激動）唔得㗎！佢唔可以知我係啞㗎！

△　玲立即關上窗

△　玲家樓下

記事簿：佢閂窗呀！我諗佢真係唔想原諒你呀！

風：我……我今次唔會放棄㗎！

△　風開步跑

△　玲家

玲：（大驚）佢跑入大堂呀……哎呀，佢想上嚟搵我呀！點算好呀！點算好呀！

小熊：既然原來佢咁緊張你，不如你就趁今次話佢聽你係講唔到嘢㗎啦！

玲：（堅決）唔得！唔得！

△　風跑樓梯上樓，腳踏在樓梯邊沿的鐵片上，傳出響亮的聲音

風：303，係呢度喇！

△　風輕輕拍門

●●●●●●

△　玲家

小熊：阿玲呀，你開門啦！

玲：唔開！

△　風拍門，越拍越大聲

●●●●●●

△　門外

風：（叫進去）小姐，係我呀，我係嗰個郵差呀！你開門啦！我想同你當面道一次歉咋！

△　風繼續拍門

記事簿：算啦，我諗佢真係好唔想見到你喎……

風：小姐……對唔住呀……如果你真係唔想開門嘅，我可以隔住隻門嚟講，但係你可唔可以應吓我，等我知你喺門後面聽緊吖！

●●●●●●

△　玲家

小熊：（想哭）阿玲呀，你開門啦，點解要令到自己咁痛苦喈……

玲：（想哭）唔開……

△　傳來兩下微弱的敲門聲

△　門外

風：小姐，你敲門呀？係咪即係你喺門後面呀？

△　又傳來兩下敲門聲

風：既然你聽緊，咁我講喇……由我第一日嚟派信，見到你嘅第一眼開始，我就鍾意咗你……我係一個唔係好識同人溝通嘅人，所以見到你都唔知同你講咩好，到後來，我開始發現你男朋友不停咁寄明信片畀你……要我親手將另一個人對你嘅思念交畀你，我覺得好痛苦……之後，我又開始貪心，我想聽吓你嘅聲音呀！唔知點解，我覺得你一定會有一把好好聽嘅聲音！我真係好想好想聽吓呀……

△　玲家

△　玲傷心得哭了起來，有點沙啞的哭泣聲

風：……所以我嗰次先會咁緊張咁，嬲你唔應我。小姐，如果你原諒我嘅話，你可唔可以親口應我一句呀？咩都好，一句吖……

△　靜了良久

△　還是傳來了兩下微弱的敲門聲

風：（失望）我明喇，你的確係冇需要原諒我嘅……再見喇！

△　風走落樓梯的聲音

△　玲家內

玲：其實我都好想同你講嘢，我都想有一把好好聽嘅聲音……

歌：玲唱（〈美中不足〉）

病榻中我活過	願你先撇下我
十歲那天弄成禍	就當我遭遇橫禍
從此困恬靜的枷鎖	從此永訣像隔著河
離別了聲音的命途	遙望你跟他的未來
亦算是諧和	是那樣諧和
未算是受罪　損失不算多	沒我做負荷　該輕鬆更多
自那天碰著你	尚有她愛護我
頓覺這身像離地	難道你拂袖離座

求可有某日聽聽你	留低愛侶拋開枷鎖
隨便說聲　如何好天氣	餘孽太多　還何苦出錯
難過我永沒法領會	唯盼你故事到結果
聆聽你說笑的音色	完美裡那美中不足
那樣美	會是我

玲：（哭泣）……嗚……

小熊：（哭泣）阿玲呀，原來佢以為你寫嘅明信片，係第二個男仔寄畀你……呢個郵差先生真係好傻呀！

玲：（繼續哭）……嗚……

●●●●●●

△　風家環境聲

記事簿：唔好發吽豆啦……不如去買戲睇吖！

風：算啦，唔好理我啦！

記事簿：你喺度望住張明信片望到天光呀，個女仔都唔會突然間仆到嚟話原諒你㗎！醒神啲啦！

風：醒神！？就算我喺度「醒神」到天光，個女仔夠唔會仆到嚟原諒我囉！

記事簿：但係你醒神啲，先至有可能會諗到辦法哄佢吖嘛！又係你話要用盡方法畀最大嘅幸福個女仔嘅！

風：方法……（若有所思）仲有咩方法吖……（把手上的明信片屈來屈去，造成聲音）（想到）有喇！如果就連佢個男朋友都出口幫我講好說話，咁佢會唔會易啲原諒我呢？

記事簿：想創你個心喇！人哋做咩無啦啦要幫個情敵講好說話呀！

風：因為……係我屈佢講囉！只要我將呢張仲未交去佢手嘅明信片內容改咗咪得囉！

記事簿：（吃驚）你改人封信！？會唔會畀人識穿㗎！

風：佢係電腦打字嚟之嘛！我用白電油慢慢整甩佢原本貼上去嗰張內容，再同位貼番一張我打嘅咪得囉！

記事簿：（擔心）咁樣得唔得㗎？

風：梗係得啦，我以前做手工成日貼堂㗎！

記事簿：我意思係，改人啲內容，會唔會太過分呀！

風：「用盡方法」吖嘛，又係你提我嘅……開工喇！

△　傳來風的打字聲

歌：風唱（〈愛你〉）

哪怕　最終給你辱罵	愛你　我管不了是禍
亦想故事萌芽	未想過是為何
求你別要只記著有他	能愛著你苦也未去躲
愛你　最想跟你夜話	愛你　最想得你附和
夜深喝啖紅茶	像這宇宙諧和

無數話語想說未說出	求你像我不要亂去想
壞事嗎	為甚麼

風：（讀出）「天色只是昏暗並未下雨，只要把雲層驅散，天便會回復光明。」……你會唔會原諒我呀……

第六集完

風：（獨白）張明信片嘅內容，我改咗喇……為咗要令到303個女仔原諒我，我改咗佢男朋友寄畀佢張明信片嘅內容，佢原本係寫住（讀出）「聽不進耳的說話也能傷人，痛的是你，痛的亦是我。是你傷我多，還是我傷你多？」個男朋友擺明就係對我上次得罪個女仔嘅事，講都好嚴重咁，仲要踩多我兩腳。所以，我將佢改咗成（讀出）「天色只是昏暗並未下雨，只要把雲層驅散，天便會回復光明。」……希望個女仔睇完之後，會認同呢件只係一件小事，雲層驅散，佢會原諒我啦……

△　玲家環境聲

△　結他獨奏聲……

小熊：阿玲，你今日好似精神幾好喎，你個「聲音故事」仲有番結他嘅出現㖭呀！

玲：（有點累的聲線）係呀，不過鋼琴唔會再出現，因為結他認為，個鋼琴係佢嘅負累……

小熊：你乖啦！唔好再成日咁樣諗嘢啦……

玲：唔係呀，我好好多㗎喇，我都冇再嬲佢，又冇唔開心，只不過我覺得呢個故事應該咁樣寫之嘛……

小熊：咁你仲有冇掛住佢呀？

玲：（嘆了一口氣）……

△　傳來玲家關門聲

△　玲家樓梯環境聲，玲落樓梯腳步聲，即是波鞋膠底踏在樓梯金屬片上的聲音

玲：（獨白）我決定落去見郵差先生，不個我唔諗住露面，只係匿埋喺轉角位，偷偷哋咁望住佢。

△　傳來風的單車鈴聲

△　風開始派信

玲：佢派信嘅時候，個樣好唔開心，而且周圍咁望……佢係咪等緊我呢？

△　風繼續派信

玲：同平時一樣，會幫人抽起啲廣告信，同埋「揼」返直啲皺咗嘅信封，佢真係一個好好嘅人嚟㗎，如果我唔係啞嘅，你話幾好呢……

△　風派完信，傳來單車的鈴聲，又騎著單車離去

玲：佢派完信喇，睇住佢離開嘅一刻，我竟然覺得，個心有啲痛……

△　傳來波鞋膠底踏在樓梯金屬片上的聲音，玲下去收信

△　玲打開信箱

玲：（吃驚）咦！？點解張明信片啲內容唔同咗㗎？……（嬲）佢……我睇錯咗佢呀！卑鄙小人！

△　玲家環境聲

小熊：佢梗係以為張明信片係第二個男仔寄嚟嘅，所以改咗內容你都唔會知！佢真係好過分呀！

玲：我好憎佢呀！我好憎佢呀！（哭得很傷心）

小熊：阿玲呀，你唔好喊啦！我知你個心好痛……

歌：玲唱（〈小城大事〉）

這行為　太卑鄙	吻下來　豁出去
足夠令我心死	這吻別似覆水
這明信片叫一敗塗地	再來也許要天上團聚
那內容　你抽起	再回頭　你不許
如同偷窺的你	如曾經不登對
侮辱我可會偷偷暗喜	你何以雙眼好像流淚

玲：（獨白）原來戀愛，係一件咁痛嘅事嚟㗎……我決定唔再愛人喇！

△　南方路環境聲，風正在踏單車

風：你估 303 個女仔，今日會唔會落嚟吖嗱？

記事簿：你手工係咪好好先，萬一佢見到啲咩膠水跡呀，披口呀咁知道你做過手腳，實憎死你呀！

風：我啲手工直頭天衣無縫呀！……（開心）我諗佢……一定會落嚟同番我傾偈啫！

●●●●●●

△　玲家樓下環境聲，傳來風的單車鈴聲

△　單車停了下來，放下了單車的支撐架

△　風下車，走進大堂

△　風開始派信

記事簿：佢一定係未瓣完喇，咁晏仲未落嚟……

風：唔會嘅，佢一定會落嚟嘅……

△　傳來波鞋膠底踏在樓梯金屬片上的聲音，玲急步走下來

風：（看見玲）（友善）小姐，早晨……

△　二人靜了下來

風：咦？你拎住咁大本畫簿……諗住去畫畫呀？

△　玲突然二話不說，不停用畫簿拍打風的頭……

風：（痛）哎呀……做咩打我呀……喂！

△　玲終停手

風：咩事呀！……（看見）卑鄙！？喂，你頁頁都寫住「卑鄙」係咩意思呀！就算我真係得罪你呀！你咪開聲鬧我囉！你咁算點啫！

△　玲好嬲，開始聽到她急速的呼吸聲

玲：（啞巴式的發音）吖吖吖……（責罵式的語氣）……

△　玲最後一手將手中畫簿掉到地下

△　傳來波鞋膠底踏在樓梯金屬片上的聲音，玲急步返上樓

△　大堂內，又靜了下來

風：（獨白）佢……係啞㗎……我竟然咁都感覺唔到……

歌：風唱（〈我的天我的歌〉）

我的天　終於都也知道	我的天　今天得我一個
為甚麼會出錯	像日子也枉過
若問誰做錯	並沒誰做錯
十成我錯　愚蠢應有惡果	為何你我難一起　唱這歌
傷心的那一個　實在得你一個	身邊少了一個　就像一切經過
若絕情待我　亦難怪你	獨自回味過　亦難與你
願意擔起這結果	和我分享更加多
我錯得太多	你我的最初

記事簿：你之前咁樣對佢，你要擔心嘅唔係佢嬲唔嬲你，而係你傷害咗佢有幾深呀！

風：我知喇，我執番本畫簿上去畀佢先喇！

△　風拾畫簿聲

風：咦？入面有咁多咁嘅相嘅？

記事簿：咩相呀？

風：玩具熊嘅相呀……（想到）唔係啩……！？

記事簿：又唔係咩呀？

風：唔通……連啲明信片，都係佢寄畀自己嘅！點解我咁蠢㗎！

記事簿：算啦，冇得「搵」㗎喇，你仲記唔記得你同小冰分手嗰時，喺我身上寫嘅嘢呀？

風：「只要有真愛，我們一定會聽到對方的說話吖嘛！」雖然佢係啞，但係我而家聽到呀！我透過佢本畫簿，透過佢嘅行為，透過佢嘅眼神……我聽到晒佢講乜嘢呀！

△　風急步跑上樓，步伐踏在樓梯的金屬片上

△　風拍門

風：小姐，對唔住呀！我而家明晒喇！你係一路用緊啲明信片嚟同我講嘢，係我自己喺度呷醋，胡思亂想，以為我哋之間仲有第三個人……我唔奢望你會原諒我，因為我知道我傷害得你實在太深，對唔住，我好慚愧，喺呢一刻，我知道……我連望你一眼嘅資格都冇！

歌：風唱（〈只要為我愛一天〉）

願意用你的感情過一天	若你用我的感情過一天
藉以明瞭你受辱傷勢深淺	願意讓時間靜下等你十年
寧願代你試試　心裡受損	期望讓你看見　等我實踐
將苦楚交我這邊	這一生總有這天
是你用上這小熊說心聲	若你用我的心情過一天
但有誰如我事事須要說明	定會明瞭我度日怎會如年
情話驟眼錯過　反惹妒火	期望讓你看見　風雨漫天
這一刻總算覺醒	分一點等你掛牽
闖完大禍便甦醒	假如命運沒終點

風：……再見喇！

△　風腳步聲，風離去

●●●●●●

△　影視店環境聲

店員：喂！又係你呀？做咩經過都唔入嚟呀！有新戲返咗喎！

風：唔喇，冇 mood 睇呀……

店員：嘩！你冇 mood 冇咁耐嘅，有嗰時記住返嚟搵我喎！

△　風繼續行

靜：（熱情）喂！去邊呀！等你好耐喇！幾日唔浦頭！去咗邊啫！

風：阿靜！？你搵我呀？

靜：係呀！搵咗你幾日喇，日日喺呢度等你一粒鐘，你都無尾飛陀嘅！係都要人等你，你自己蒲頭先得㗎！你咁樣冇朋友㗎喇！難得咁好傾，冇咗個朋友就唔抵啦！

風：你喺度等？咁你唔打畀我？

靜：我邊有你電話啫！

風：係咩？我哋傾過兩晚偈㗎喎……

靜：你知自己衰就好啦！行啦！食住傾啦！

風：（獨白）我又同咗阿靜去食雲吞麵，佢繼續滔滔不絕咁去講佢嘅故事，今次係由中五畢業開始講起，一直講到佢辭咗第二份工為止。佢完全冇提過上一次佢鼓勵完我要盡力去追 303 個女仔之後，佢喊到自己離開麵檔嗰件事，我仲問唔問佢好呢？

△　麵檔環境聲

靜：（正在滔滔不絕）……咁我就返去搵老闆啦，點知佢問（笑了起來）……佢問我係邊個喎！哈……佢做咗我三年老闆但係唔認得我喎……哈……

風：阿靜呀，我有啲嘢想講呀……

靜：（立即收起了笑容）好呀，我其實都又講到觔觔吔喇……

風：你上次做咩喊住走呀？

靜：我邊有喊住走啫！你記錯吓話！黐線！你記錯啫！你無啦啦咁問人都有嘅！你睇時候嚟問嘢吖嘛……（開始又喊）呢度麵檔嚟㗎嘛，你想點啫，同你熟都唔係咁㗎……憎死你呀！

△ 靜走了出去

風：（獨白）我今次都係冇追出去，因為我都係驚，萬一真係畀我追到佢，我會唔知講咩好……不過點知唔夠一分鐘，阿靜佢返咗入嚟，坐喺我面前望住我……

靜：（哭泣的聲線）我今晚可唔可以去你度呀？

第七集完

第八集

風：（獨白）我係阿風，終於知道原來 303 個女仔係啞㗎，我好傷心，我傷心唔係因為佢係啞，而係因為我知道，我之前對佢嘅行為一定係傷得佢好深，我好慚愧，慚愧到我覺得而家嘅自己，連望佢一眼嘅資格都冇。

△　風家環境聲

△　風打開門

靜：嘩！你屋企都幾亂啯喎！（腳步很大聲地到處走的聲音）咦！？一房一廳呀？ OK 好使吖！……（入了廚房）嘩！你盤碗幾多日冇洗呀！再多啲吖笨……

風：喂！你介唔介意……

靜：（爽快）唔介意！你想點吖！你講就得㗎喇！我好易話為㗎！（又周圍走）

風：我介意呀！你可唔可以除咗鞋先呀？

靜：你早響吖嘛！咁遲先講我咪踩到周屋係囉！（返回門口脫鞋）

△　風家環境聲 fade out

風：（獨白）呢個咁多嘢講嘅女仔，係阿靜。我哋喺樓下食緊雲吞麵嘅時候，佢突然間喊住咁問我，今晚可唔可以上我度，嚴格嚟講，我同佢識咗只有五日，見面係第三日，我見佢咁慘，我間屋又冇嘢唔見得光，於是我應承咗。究竟佢點解要上嚟呢？

△　風家環境聲 fade in

風：點解你要上嚟呀？

靜：你係咪唔歡迎吖！唔歡迎咪出聲囉！大家咁熟，唔使唔好意思喎！嚟吖！

風：唔係，想知吓嗜……

靜：你咁八卦嘅咩！畀番啲私隱我得唔得呀！最多我請你睇戲喇！嗱！（拿出一隻碟遞給風）

風：（讀出）《鐵達尼號》？

靜：係舊就舊啲，不過真係 all time favourite ！咪當溫故知新陪我翻睇囉！嚟吖！呢套嘢我真係有癮㗎！

風：……呢套嘢講咩㗎？

△　靜一呆，估不到風竟然唔識《鐵達尼號》

靜：咪玩啦！《鐵達尼號》喎！（再強調）《鐵達尼號》喎！你真係唔識？

風：咩年代㗎？

靜：你真係唔識？你係咪香港人……唔係，你係咪地球人嚟㗎？你咩星球嚟㗎？你過唔過分啲呀？

△　風家環境聲 fade out

風：（獨白）阿靜鬧咗我差唔多二十分鐘，之後印證番上映嘅年份，我先知道原來當時正正就係我同第一個女朋友分手嘅時候，嗰時我足足匿咗喺屋企半年，冇返工，冇睇電視，冇出過街，除咗每日煮飯畀我食嘅媽媽，冇接觸過任何人。佢能夠傷得我咁深，係因為我哋每一樣嘢都好似，唔識講嘢，唔鍾意講嘢，覺得自己唔需要朋友，甚至我哋試過同同一本記事簿講嘢。佢係我嘅一面鏡，係我身體嘅一部分，甚至係另一個我，就係因為呢個原因，我哋喺埋一齊……之後亦都因為同一個原因，我哋分開咗……

△　風家環境聲 fade in，正播放著《鐵達尼號》

風：（獨白）呢一套戲，我冇乜特別嘅感覺，直至睇到最尾，我直頭睇唔入腦，因為我嘅壞習慣又嚟喇……我突然間覺得，我就係呢隻鐵達尼號……嘅船頭……由出廠嘅一日開始，我就一直暗戀住……我嘅船尾……

△　鐵達尼號正在下沉時，乘客爭相走避的環境聲

風：（感慨）船尾！由出廠開始，我就已經鍾意你！我哋而家要下沉喇！你一直以嚟對我有冇感覺呀！你可唔可以應我一聲呀！

△　船尾沒有回答

風：咁耐以嚟，我都只可以隔住個船身遠遠咁望住你，我諗住就咁一世㗎喇，估唔到而家我哋中間竟然斷開咗！我哋可能成隻船會摺埋，我哋有機會喺埋一齊喇！既然咁冇可能嘅事都會發生！你鍾唔鍾意我，可唔可以應我一聲呀！

△　船尾繼續沒有回答

△　船身斷開的聲音

風：（激動）隻船斷開喇！我哋可以喺埋一齊喇⋯⋯（估不到）船尾！你做咩呀？你做咩沉咗落去先呀！？我都未去到你面前⋯⋯唔好呀！我哋咁樣會永遠分開㗎⋯⋯唔好呀⋯⋯（嘴巴開始入水，說不出話⋯⋯）

△　風家環境聲，戲已播完

風：阿靜終於睇到喺梳化瞓著咗，幫佢冚咗張被之後，我拎起支筆，寫咗一封信畀303個女仔。

△　音樂過場

風：（讀出）「妒忌比說話更可怕，妒忌傷了我，而我卻用說話傷了你。我想跟你說對不起。若我的運氣能換來你的幸福，我願將餘生的運氣，全還給你來贖罪。祝，永遠幸福，風上」

△　Fade in 玲家環境聲，夜

小熊：阿玲呀，佢寫封咁嘅信畀你，佢都真係好有誠意同你道歉喎！

玲：（迷網）我唔知呀，都未正式戀愛，我已經喺佢身上承受咗咁多嘢，我好驚呢架過山車唔知幾時又會向上走，走得又有幾高，幾時會向下衝，衝到幾低，甚至我唔知幾時佢會拋咗我出去⋯⋯熊仔呀，我真係唔知點好呀⋯⋯

歌：先玲唱後風唱（〈教我如果不愛他〉）

玲：	
如何可以不愛他	如何可以不愛他
縱使遷怒都也愛這個他	莫非生命中只配一個他
縱有百般的錯　我也怪他不過	到了沒法相處　再去記他好處
原來這叫做愛受傷都愛他	憑回憶製造這自欺的笑話
風：	
如何可以不愛她	如何可以不愛他
命運種下甚麼偏差	命運種下甚麼偏差
若你不睬不見　贈我一生死結	用最多的心血　換最深的積雪
人生再沒有火花	從此再遇上火花
你永遠是染血傷疤	也會擦亮這個傷疤

△　南方路，郵政局環境聲

△　傳來輝的啜麵聲，風放下一個空的郵袋

風：阿輝，今日啲信派晒喇，我走喇！遲啲有機會見！

阿輝：你真係辭咗職呀？咁諗住點喫？

風：我諗住離開香港。

阿輝：唔係呀，我係問總局諗住點呀！你走咗呢度啲信邊個派呀！冇人做就要我做㗎囉喎！

風：（失望）咁你要問吓總局先得喇……

阿輝：（嘆氣）唉……咁你諗住點㗎？

風：（估不到他又問多次自己）我！？……我咪諗住離開香港囉……

阿輝：離開？去邊呀？好唔好玩㗎？記住買手信返嚟呀！

風：哦……一定！走喇，拜拜！

△　玲家環境聲

小熊：阿玲，你今日好靚呀！

玲：（笑）唔好氹我啦，我最多都係順眼啲啫，點都唔會係好靚嘅……

小熊：唔好咁冇信心啦！郵差先生見到你竟然會主動等佢，仲見到你著得咁靚，一定好開心啫！

玲：真嘅？

小熊：梗係啦，唔好令自己後悔呀！緣分走咗，唔知幾時先會再返嚟㗎！去啦！

玲：（笑）……我落去喇……

歌：玲唱（〈至死不遇〉）

若是再嬲他　再憎他	捏著你雙手　再出走
有沒有用處	有沒有用處
事實我想他　太想他	伴著你相戀　再失戀
怨恨有害處	有沒有害處
那態度雖差　但亦無虛假	兩個人一起　浪漫無氣味
難道氣他　說真心話	沉默共處　至死不渝
無謂氣他　說真心話	留下罅隙　至死不渝
原諒了他　再不嬲吧	遙望半生　至死不遇

△　傳來玲家關門聲

△　玲家樓梯環境聲，玲落樓梯腳步聲，即是波鞋膠底踏在樓梯金屬片上的聲音

△　玲家樓下環境聲

玲：（獨白）（害羞的語氣）其實我喺大堂度等佢，會唔會冇咗啲矜持呢？佢見到我會咩表情呢？佢會唔會又講錯嘢呢？……我竟然有啲心急嘅感覺，就好似，已經開始咗第一次約會咁……（笑）嘻……

△　不一會，傳來了單車的鈴聲

玲：（獨白）（緊張）佢嚟喇……我望唔望出去好呢？定係，等佢入嚟先望到我好呢？……咁……（忐忑）……

路人甲：喂！阿輝，點解係你嚟嘅，平時個黑面神呢？

阿輝：佢琴日辭職走咗啦！又未有人嚟頂佢，搞到要我郁手，我不嬲最憎著制服㗎嘛……（二人繼續傾偈）……

玲：（吃驚）佢……佢走咗！？（哭）呀～

歌：玲唱（〈情深說話未曾講〉）

你這剎那在何方	你這剎那在何方
我有說話未曾講	我有說話未曾講
濃情還未綻放	如何能連繫上
你卻再不願在旁	與你再相伴在旁
我有說話未曾講	愛意要是沒迴響
要說要向著何方	世界與我又何干
來年沿途沒你	原來仍然是你
「我愛你」這話又能和誰講	叫我永不斷自強如晨光

玲：（傷心）點解當我向前行一步嘅時候，你就要掉頭走呀……

△　機場環境聲

風：（獨白）我買咗一張去上海嘅單程機票，諗住去嗰度，搵一個我最近諗起嘅人……

△　風突然被拍膊頭

靜：喂！乜你走都唔出聲㗎！好彩我咁啱去你屋企搵你，睇住你上的士咋！我爭啲跟你唔住嘛呀！

風：阿靜！？點解你喺度嘅？

靜：都話咁啱去你屋企搵你，睇住你上的士，於是車跟車跟埋你嚟囉！你有冇聽人講嘢嘅啫！

風：唔係呀，我意思係，點解你會跟嚟機場呀！

靜：係咪唔得先！我真係咁啱冇掟去吖嘛！咪跟埋嚟囉！你唔係介意吖嘛！你去邊啫？

風：我諗住去上海……行吓

靜：（興奮）喂！上海好喎！我都未去過！帶埋我去吖！大家咁熟，兩個人去開心好多嗰喎！

風：你又去？我而家上機囉喎！你兩手空空……

靜：上海好荒蕪㗎！？

風：唔係！

靜：咪係囉！有咩買唔到嘅啫！衫褲鞋襪牙膏牙刷過去買咪得囉！行啦！咋咋淋同我去買機票啦！

風：（好認真）好喇！我真係忍唔住喇！我真係要問清楚你，如果唔係我會畀你搞到……傻上加傻㗎喇！你究竟想點啫？你一路喺我身邊奇奇怪怪咁……（不知怎問好……）……你究竟想點呀？

△　靜也靜了下來……沒有說話良久

靜：（認真）你可唔可以畀我試吓鍾意你呀？

風：（獨白）終於，我帶咗兩手空空嘅阿靜一齊去上海，喺飛機上面，我明白咗阿靜一直以嚟，究竟諗緊啲乜嘢……

第八集完

第九集

風：（獨白）我係阿風，我離開咗香港已經半年……半年前，我覺得 303 個女仔，我已經冇資格再愛。我辭咗份工，離開香港，去咗上海，想見番一個曾經我認為係世界上同我最相似，係我嘅一面鏡，係我身體嘅一部分，甚至係另一個我嘅人——我嘅初戀情人！

△ 音樂過場

△ 往上海的飛機艙內環境聲

靜：講個秘密畀你知吖，我其實好鍾意食飛機餐㗎！

△ 風沒有回答，靜了一靜

靜：喂！我話我鍾意食飛機餐呀！做樣都畀啲反應得唔得呀！

風：（冷淡）哦……

靜：（不忿）喂！

風：咪「哦」咗囉！

靜：你頭先個「哦」只係應咗我叫你「畀啲反應得唔得呀」嗰句！我話「我好鍾意食飛機餐」嗰句你仲未畀番反應我呀！你應該問我「點解咁鍾意食飛機餐呀？」咁先啱㗎嘛！

風：咁點解你咁鍾意食飛機餐呀？

靜：（好認真咁諗）唔……呢啲嘢冇得解嘅喎！

風：（吃不消）（嘆氣）呀……

△ 環境聲 fade out

風：（獨白）坐我隔籬嘅，係阿靜。喺我臨上機之前，佢突然喺機場出現，咩行李都冇帶，話要跟埋我去上海，當時我覺得實在太匪夷所思，點知佢之後畀咗一個更加匪夷所思嘅答案我……

△　Flashback 第八集，機場環境聲漸入，靜在機場的對白

靜：（認真）你可唔可以畀我試吓鍾意你呀？

△　Fade out 機場環境聲

風：（獨白）佢應承咗會喺飛機上面畀一個合理嘅解釋我，不過我一直都等唔到，直至到仲有四十五分鐘就落機，我終於忍唔住……

△　Fade in 機艙環境聲

風：我忍夠喇，唔該你講我聽你應承咗會講畀我聽嘅嘢畀我聽！

靜：（吃東西的聲音）（笑）嘩！你可唔可以講多一次頭先句嘢呀？

風：唔該你講我聽你應承咗會講畀我聽嘅嘢畀我聽！

靜：（笑）哈……可以做急口令呀！哈……

風：（老羞成怒）夠喇！

靜：食埋飛機餐先得唔得呀？

風：唔得，你已經第三份喇，點知你會唔會再食第四份㗎！

靜：好喇……（開始認真）其實……我之前同咗一個我好鍾意嘅男仔拍拖，之後，我哋分咗手……

△　二人靜了下來，風等著下文

風：咁跟住呢？

靜：講完喇！（忍不住笑）嘻……

風：（真的很嬲）夠喇！真係玩夠喇！

靜：你唔覺得我個人講嘢啲方法好得意，好風趣幽默，好好笑㗎咩？

風：完全唔覺！

靜：……（真的認真起來）我覺㗎，我以前個男朋友咁樣講嘢嗰陣，我覺得佢好得意，好風趣幽默，好好笑㗎……

△ 飛機艙環境聲 fade out

風：（獨白）原來阿靜佢以前，係我嘅同類嚟㗎，唔識講嘢，唔鍾意講嘢，冇乜朋友，若果我嘅初戀女友係世界上第二個我，阿靜就係第三個。

靜：（獨白）後來我識咗一個男仔，佢好犀利㗎，無論講乜嘢身邊啲人都笑，佢呢種人注定係朋友堆中嘅主角，注定同我呢種人無緣。

風：阿靜同個男仔係喺網友聚會度認識，喺嗰日嘅卡拉 OK 聚會入面，阿靜坐喺角落頭，粒聲都冇出，繼續表現佢「多佢一個唔多，少佢一個唔少」嘅強項，點知，咁樣反而吸引到呢個男仔，後來佢哋竟然開始拍拖。

靜：我哋拍咗拖一年，我每日都過得好開心，佢好多嘢講㗎，而且對我又好有心思，好有趣，佢開始牽動住我嘅一切，我覺得自己每日就係為佢而存在……

風：直到有一日，嗰個男仔同阿靜講……

△ 某餐廳環境聲

靜男友：不如我哋分手囉！

靜：點解呀！？我哋幾好㗎……點解啫！（笑著說）嗱！講笑搵第二樣呀！搵呢啲嘢嚟講笑，我搵煙灰缸「亨」你個頭㗎！

靜男友：我覺得，你越嚟越似我呀……我而家好似自己同自己拍緊拖咁……我都係鍾意以前好少講嘢嘅你……

△　餐廳環境聲 fade out

靜：（獨白）之後我哋分咗手，但係唔知點解，我嘅情況變得越嚟越嚴重，一舉手一投足都好似畀佢上咗身，變得好多動作，好多嘢講，好鍾意係唔係都笑，我無法控制咁變咗另一個佢……我已經變唔番以前嘅自己……

風：後來，阿靜遇到我，佢覺得我同以前嘅佢好相似，於是佢想喺我身上，搵番以前嘅自己……

靜：我因為鍾意以前嘅男朋友而變咗佢，如果我嘗試鍾意你……我就可能……可以變成你，即係變番以前嘅自己。

△　機艙環境聲 fade in

靜：我第一次見到你，已經覺得你根本就係另一個我！

風：（鬆一口氣）即係你唔係真係鍾意我，只係想「變」做我啫……

靜：係啩……我唔知呀……

風：（想了想）咁你唔使鍾意我咯，我哋做好朋友咪得囉！愛情唔應該係咁樣㗎……咁樣……好怪嗰喎……而且……（欲言又止）……

靜：而且你唔鍾意我吖嘛！我知呀……你畀啲時間我吖……

△　上海街道環境聲

風：（獨白）原來人同人之間嘅聯繫係好兒戲㗎咋！我跟住兩年前初戀情人畀我嘅工作地址，到達「上海書城」搵佢……

△　書店環境聲

店員：（國語）她已經不在這裡工作很久了！

△　環境聲 fade Out

風：（獨白）就係咁，佢就喺我嘅世界入面完全消失，下落不明。

風：（獨白）我同阿靜都唔想就咁返香港，於是我哋喺一間好平嘅旅館度，各自租咗一間房，每日匿喺房度自閉。頭嗰個零月，阿靜會每日都嚟搵我，又要去呢度又要去嗰度咁，但係我都一一拒絕，因為真係冇心情。到後來，我哋進化到隔日見一次面，食一餐飯，再到咗最後一個月，我哋已經一星期先見一次面，去同一間餐廳食一次飯，逢星期日去網吧上一次網。我哋呢半年……就係咁樣過……

風：（獨白）估唔到離開咗香港，我反而變得比之前更加唔想見人。期間我喺房度諗得最多嘅，仲仍然係 303 個女仔……仲仍然係，我哋初初見面嗰幾日，佢畀我嘅印象……

歌：風唱（〈烈女〉）

從不多嘢講　好[*]寧靜美 人就算不發一語也歡喜 一見到你印象也相同 贈我一笑足叫我歡喜 害羞得要死　怕唐突你 總似失去理性還走避 一句「早」說過了似別離 其實我這顆暗戀的心 不死 [*]音：愛好的好	烈女不怕死　但憑傲氣 絕沒有必要呵你似歌姬 知你好過了便要分離 沒有骨氣只會變奸妃 烈女不怕死　又何懼你 不會失去血性和品味 知你一向以我去攞期 迎合你便令名譽掃地　呸呸

△　上海旅館房環境聲

記事簿：喂，阿風呀，你匿咗喺呢度半年喇，幾時返去啫？

風：我每日都係咁答你㗎啦！……都話唔知囉！

記事簿：好心你就算唔返去，都帶我出街行吓吖！我想睇吓呢個世界呀！

風：你係一本記事簿嚟咋喎！你要睇個世界我畫個地圖喺你身上咪得囉！

記事簿：你就算唔在乎你，唔在乎我，都唔好害咗阿靜吖，佢日日咁陪你自閉，真係遲早會變咗做你㗎！

△　房間電話響起

△　有人接聽，但沒有說「喂」

靜：（電話）（像風一樣，冷冷的聲調）今晚食唔食飯呀？

風：（想了想）不如今日，我哋做樣行一次上海囉，我哋都半年冇離開過呢幾條街喇。

靜：都好喎……（思考）聽講好似有樣嘢，叫做本地一日遊㗎……

●●●●●●

△　旅遊巴車內環境聲，汽車還未開出，旅客們在交頭接耳，好像玩得很開心

△　傳來高跟鞋踏上旅遊巴的聲音

小慧：（拿著咪高峰）（國語）大家好，謝謝大家參加我們「歡聚旅遊」的上海市一天遊，我是你們的導遊小慧，早安呀！

眾團友：（齊聲）早安呀！

△　旅遊巴開始行駛

小慧：在到達我們的第一個景點之前，不如我們先來個互相認識吧！（笑）我們先由選坐最後排，最害羞的朋友開始。好，右手邊最後排，穿黑色衣服的男生，可以告訴我們你的名字嗎？

△　沒有反應

小慧：別怕嘛！大家給他一些掌聲鼓勵吧！

△　眾鼓掌

小慧：好！請大聲說出你的名字！你是……（廣東話）阿風！？

風：（獨白）估唔到曾經我認為係世界上同我最相似，係我嘅一面鏡，係我身體嘅一部分，甚至係另一個我嘅初戀情人，今日竟然成為咗一個每日要講笑話，要唱歌，要日日面對陌生人，要娛樂大家嘅一個導遊……而佢仲做得非常之成功……

******　　******　　******

風：（獨白）……完咗個一日遊，我冇留低同佢敘舊，更加冇畀佢知道，我當初係專登嚟上海搵佢。見到佢變成咁，第一個感覺，係覺得佢背叛咗我哋嘅過去，但係當我一直望見佢掛住笑容嚟工作，我突然間又感到好安慰，因為佢活出咗自己嘅人生，佢唔再係另一個我！……或者，佢從來都係佢自己，所謂嘅另一個我，只係我嘅自我陶醉……其實大家都係時候清醒……

●●●●●●

△　某餐廳環境聲，風與靜沒有作聲的吃飯

風：不如我哋返香港囉！

靜：點解呀？

風：你之前話要似我嚟搵番你自己，其實根本就冇可能，你似我嘅話，只會變成我……每個人都係一個個體！世界上根本就唔會有絕對嘅另一個你，亦都冇另一個我，你係應該返香港過番真正應該過嘅生活！

靜：你又知而家嘅我唔係「真正嘅我」？

風：你一年之內，由好多嘢講變成冇嘢講，由逼自己外向到同我一樣匿喺房三日唔出街，轉變咁大，你都冇抱怨過，我會覺得——你根本唔愛你自己！所以先會咁迷失……我今日見到我初戀情人小慧面上嘅自信同自愛，係喺同我拍拖嘅時候從未見過㗎！但係我知道，今日嘅佢，先係真正嘅佢！你試吓愛你自己吖，你就會搵番你自己㗎喇！

靜：……我都唔覺你好愛你自己呀，你都喺度半年囉。

風：（不肯承認）我陪你啫……

靜：你係為咗嗰個女仔。當年你為咗初戀情人而匿咗半年，今次你為咗一個見過面幾分鐘嘅女仔，同樣匿咗半年，佢喺你心目中咁重要，你都唔畀機會自己去鍾意佢，你根本都係一啲都唔愛你自己

風：我……我都冇資格去愛佢！

靜：我明，一個唔愛自己嘅人，根本冇資格去愛人。其實你未講之前，我自己一路都知，不過我唔想去信之嘛……

△　二人靜了良久

風：多謝你。

靜：多謝你，返去之後，有機會再見吖！

風：（獨白）我已經返咗香港，我決定要同 303 個女仔表白！

歌：風唱（〈熱血青年〉）

彷彿充了電　似疾走飛箭	今天不夠電　別來加一劍
向著你盲目發力我奔前	以為我還是個熱血青年
幾天不見面	可否賞個面
隔著天般遠	放下穿心箭
快遇見全力再沒法拖延	以為我還樂意為你失眠
很想即見面	今天不夠電
摩打般發電	今天不夠電
即將可見面	可否賞個面

第九集完

第十集

玲：（獨白）我已經半年冇見過郵差先生喇，不過，我偶然都仲會諗起佢，因為佢當日嘅不辭而別，實在太過深刻喇……

△　玲家的環境聲

小熊：阿玲啊，你做咩仲喺度瞓覺呀，你個「聲音故事」「當鋼琴遇上結他」唔係要寫第二輯咩？

玲：我推咗個 job 喇。

小熊：點解呀？上一輯明明個個都讚㗎！

玲：佢哋話上一次結他同鋼琴分開個結局太慘，想佢哋呢輯喺番埋一齊喎，我覺得好夾硬囉，世界邊有咁好嘅事㗎，唔好教壞啲小朋友啦……

小熊：唔好成日咁灰啦，郵差先生可能有苦衷先辭職呢……

玲：（死撐）熊仔！唔好拉埋嚟講喎，我冇諗起過佢喎！

小熊：（唔知講咩好）唔……今日情人節，唔好屈喺度啦，不如出去行吓囉！

玲：做咩要行呀？我又冇情人！

小熊：你個窗簾成個月冇拉開過喇，你話你幾耐冇見過陽光吖！

玲：（裝作沒有留意）係咩？我唔覺黑喎！

小熊：（勸）乖啦，出去望吓太陽，望吓個世界啦……你咪當帶我去公園影吓相，順便畀我啲毛曬吓太陽囉，我係好平嘅玩具熊嚟㗎咋，我會發霉㗎！

●●●●●●

△　南方路公園環境聲，鳥語花香

△　傳來拍照聲

小熊：出嚟公園行吓，係咪心情好啲呀？

玲：普通啦，好熱呀，可能唔慣見到太陽啩……

小熊：唔好咁啦……咦，影相之嘛，帶埋咁大本畫簿出嚟做咩呀？諗住畫畫呀？

玲：唔係，係用嚟咁用嘅……（舉起畫簿）

小熊：哎呀！你點可以用佢嚟遮太陽㗎！我就係想你曬吓太陽先出嚟之嘛！

玲：好攰呀……我想埋去長凳坐吓……

△　二人靜了一會

小熊：阿玲，做咩望住張凳呆咗呀……（醒起）我記得喇，當日郵差先生就係坐喺呢張凳度等你……

玲：（死撐）我冇諗起佢呀，真係冇喎……坐第二張囉！

小熊：都半年啦，嬲一個人會令到自己都唔開心㗎，佢係唔鍾意你，你嬲佢都冇用；佢係鍾意你，更加唔使嬲佢，因為佢一定會返嚟搵你！

玲：（認真）算啦熊仔，其實我唔係嬲佢，我係死咗心……（想哭）我係啞㗎……我連「平凡」都不如……我邊會值得佢返嚟搵我啫……我放棄咗好耐……我冇等佢好耐喇……

△　突然，傳來風的單車鈴聲

△　玲和小熊也沒有再對話，只聽鈴聲越來越響

△　單車停，風落下了單車的支撐架，下了車

△　傳來風踏在草地上的腳步聲……漸漸走近

風：（有禮）小姐，你好……我返嚟喇……

△　二人又靜了一會

△　傳來玲的腳步聲

風：小姐，你唔好走，我係專登返嚟搵你㗎……我有好多嘢想同你講……我想講……（想了想）對唔住呀……

△　玲頓了頓，揭開了畫簿

風：（見玲對他做了個手勢）筆！？我有呀……（把筆遞給玲）

△　玲寫字的聲音

玲：（讀出）點解你淨係識講對唔住？

風：因為……我從來都唔係一個好識講嘢嘅人，對唔住係最易講㗎……

△　玲又寫字

玲：（讀出）呢半年，你去咗邊呀？

風：我去咗上海，以為可以忘記到你，點知我每一日，每一刻，都係咁諗起你……

△　玲又寫字

玲：（讀出）點解你想忘記我？

風：因為嗰時我覺得自己冇資格愛你，所以離開，但係我而家知道，我真正最冇資格嘅地方，就係冇自信，因為我從來都未愛過我自己。為咗令自己有資格，我會慢慢去改，請你畀次機會我吖……

△　玲又寫字

玲：（讀出）點解你唔愛你自己？

風：唔知呢……冇嘢值得愛啩……

△　玲又寫字

玲：（讀出）唔係呀，你係一個好郵差，我見過你幫人抽起廣告，仲有拉返直啲信先放入信箱。

風：（笑，不好意思）嗰啲……小事嚟啫……

△　玲又寫字

玲：（讀出）你做咗郵差幾耐……

風：四年（開心）嘻……咁耐以嚟，今次我哋係第一次真正咁傾偈……

歌：風唱（〈處處吻〉）

你坐我隔籬　再沒距離	你熱愛別離　再合再離
畫簿寫滿字　說天都說地 ooh	似花瓣獻技　叫花粉遍地
我在答話似一個遊戲	你在播弄這穿線遊戲
將心細傾　想博取你歡喜	跟他結束　她與他再一起
你想知	你小心

都會一一講你知	一吻便顛倒眾生
不會辯駁不會遲	一吻便救一個人
三歲起再說一次	給你拯救的體溫
講到不識的禮儀	總會再捐給某人
今晚放工睇脊醫	一吻便偷一個心
瑣碎亦說不會遲	一吻便殺一個人
講到嘴巴都透支	一寸吻感一寸金
講我一生所有事	一臉崎嶇的旅行

△　玲寫字

玲：（讀出）我介紹一個好朋友畀你識，佢係熊仔，係我最好嘅朋友！我哋好好傾㗎！

風：（開心）隻公仔好得意呀！……其實我都有一個好朋友，佢成日同我傾偈，不過你之前都見過㗎喇！……嗱！（把記事簿遞給玲）佢冇名㗎，我就咁叫佢做記事簿㗎咋！

△　玲在揭著記事簿

△　突然玲停了在一頁上面

風：（緊張）咩事呀？……（一看）哦……（安撫）呢句嘢我隨便寫㗎咋……

玲：（讀出）只要有真愛，我們一定會聽到對方的說話！

風：……我可以撕咗呢頁佢㗎……無謂嘢嚟之嘛！

△　玲合上記事簿的聲音

△　玲又寫字

玲：（讀出）（認真的語氣）如果呢句嘢係真嘅話，我希望你明白我講乜嘢⋯⋯

△　玲放下畫簿

玲：（啞巴的發音）（傳來少許手掌碰撞聲，感到正在做手語）吖⋯⋯吖⋯⋯

△　靜一會

風：你係咪想問我，點解會鍾意一個啞巴呀？

歌：風唱（〈愛神〉）

從那一天初見你	神你可否戀上我
從你淺淺一笑起	神聖不可侵我麼
從此走不脫你天地	情關得不到你相助
你彷彿定我生死	誰又肯被我觸摸
他人竟可窺探你	真人都不喜愛我
而我只得淺笑怎也沒法比	神你不喜歡我逼我入了魔
叫我多妒忌	愛侶幾百萬
誰料我蠢得不知	誰料我蠢得竟可
重複惹怒你	重複去犯錯

風：我鍾意你，就因為我鍾意你，同你係咪一個啞巴無關！

△　傳來玲的抽泣聲

△　二人擁抱

風：（醒起）（笑）傾咗咁耐，原來我哋有樣嘢，一路都未問對方㗎……我阿風呀，風平浪靜個風，你叫咩名呀？

△　玲寫字

玲：我叫阿玲……

風：（微笑）我哋兩個咁靜嘅人，加埋竟然係一個「風鈴」……

歌：玲唱 （〈可惜我是水瓶座〉）

笑著回去　略帶歡笑淚水
原來攜手跟隨著最愛便無懼
二人越靜默越登對
可以閉上這兩張嘴
來用眼眸說著對白也可心醉

笑著回去　就當跟你默許
同渡餘生的人在這裡免憂慮
十年後亦靜默相對
反正哪個會愛吵嘴
要別離也不須說著傷心句

我就回去　別引出我淚水
尤其明知水瓶座最愛是流淚
若然道別是下一句
可以閉上了你的嘴
無謂再會要是再會更加心碎

要是回去　沒有止痛藥水
拿來長島冰茶換我半晚安睡
十年後或現在失去
反正到最尾也唏噓
夠絕情我都趕我自己出去

●●●●●●

△　玲家樓下環境聲

△　二人走回大堂

風：你返上樓先啦，我要派埋啲信，一陣返嚟搵你……唔怕啦，我派信好快㗎！……你畀隻熊仔陪我？好呀，我帶埋佢去派信，等佢一陣返嚟話你聽我去咗邊啲地方吖！……

玲：（突然醒起）吖……（又做了一堆動作）

風：（記起）哎呀係呀！我架單車漏咗喺公園呀！咁你上去先，我要快啲去攞番先得！……（想到）一係咁吖，你返去打開你間房隻窗，我喺公園同你拜拜吖……

△　傳來玲上樓梯腳步聲，即是波鞋膠底踏在樓梯金屬片上的聲音，一步步慢慢的，有點依依不捨

風：（獨白）如果每個人都有一種屬於自己嘅聲音，喺我心目中，呢一下清脆嘅腳步聲，就係屬於阿玲嘅。其實由我愛上佢開始，呢啲腳步聲已經變成咗世界上最好聽嘅聲音，呢半年嚟嘅每一日，都喺我個腦入面響一次。

歌：風唱（〈一切很美只因有你〉）

怎去抑制暗喜	星也閃進眼中
想抱緊你親你	海也跟我相擁
所有所有感覺也美	所有所有感覺也美
今開始有你	當開始有你

興奮得快笑死	一切因你發起
一切很美　只因有你	一切很美　只因有你
what a wonderful life	what a wonderful life
一個不會發聲	風會吹暖我心
而一個不愛收聽	陽光會跟我親吻
只有只有這對愛侶	所有所有感覺也美
天生的配對	多喜歡有你
興奮得快笑死	一切因你發起
一切很美　只因有你	一切很美　只因有你

△　玲房環境聲，玲打開房門

△　玲急速的腳步上前，大力打開窗簾

△　玲開窗簾的聲音很有力，給人有新的一天的感覺

△　玲打開窗，傳來窗外環境聲

△　公園環境聲，風踏上草地

△　風踢起單車的支架，拉動單車

風：（看見玲）（笑）（大叫上去）你返到喇，咁快嘅……

△　風騎上單車，準備出發

風：（大叫）我行喇，我好快返嚟呀！

△　風單車開動

玲：（大叫）我等你返嚟呀！

△　風急停單車

風：（吃驚）係阿玲同我講嘢？……

玲：（仍是啞巴的聲音，夾雜手的碰撞聲）吖……

風：（獨白）（笑）我知道，係阿玲真係同我講緊嘢，只要我用個心去聽，我就會聽得一清二楚！

玲：（獨白）只要有真愛，我哋一定會聽到對方嘅說話！

風：我聽到喇，多謝你！

△　和諧的音樂響起，是結他與鋼琴的合奏，就像綿綿情話一般，兩種聲音交疊在一起

全劇完

三年班父母

關於《三年班父母》（2001）

這個二十多年前的劇本，在我的創作生涯上很重要。

我 2000 年在演藝學院電影電視學院畢業，之後就立即加入了馬偉豪導演的電影公司當全職編劇。在邊學邊寫的過程中，我看到了大世界。

一個在演藝學院編劇科拿到高分的學生，一年之內，變成在片場中面對高手林立而不停質疑自己的練習生，所承受的心理壓力是相當大的。

那個時候，馬偉豪導演一年可以拍到四套戲，我就不停地寫寫寫，又不停地覺得自己未夠好未夠好未夠好……

就在我信心跌到谷底時，香港電台電視部推出了一個戲劇外判計劃，任何人都可以寫一份約二十分鐘的單元劇劇本，以及一份製作計劃書去申請，最後被評審選中的十個計劃，可以得到一筆不錯的製作費去拍攝一齣短片，再在電視頻道中播放。

於是我與同班同學吳煒倫（對，就是《毒舌大狀》的導演啦！）一起報了名，用同一班角色想出了兩個故事，再各自以導演的崗位分兩個計劃去申請，結果竟然兩個都中了！

兩集都是關於一班小學生的故事。他那個叫《玻璃貓》，是關於維護正義保護小動物；我那個叫《三年班父母》，講的是一位三年班的小學生，人細鬼大地親了自己暗戀的女同學，卻又誤會親了一下就會令對方懷孕，於是決定帶女同學私奔的故事。

（嗯，一個拍正義，一個拍愛情，現在想想，原來二十多年後的《毒舌》與《飯戲》不是沒有根據的。）

為甚麼選兒童劇？因為我信會好看；為甚麼寫喜劇？因為我喜歡；為甚麼選這個橋段？因為我想寫愛情。

所有想法都是個人的，以及我所相信的。

最後出來，評語很好，看過的人都很喜歡。雖然其實那個計劃的片都沒有甚麼人看過，但我就是憑這一次找回了我自己的自信。

我終於重新相信，我寫的劇本是好看的——只要我能夠找到真正適合我的故事世界。

相信，就是力量。

香港電台電視戲劇外判製作計劃 2001/2002
《三年班父母》劇本（2001）

編劇／導演：陳詠燊
主演：張鴻－林俊延　楊詩敏－毛嘉麗

人物背景

張鴻：九歲，男，小學三年級學生，身高、樣貌、成績也是中等，運動神經更是中下，是學校中一個不起眼的傢伙。雖然偶爾喜愛出風頭，但其實內心有點懦弱，在學校永遠循規蹈矩。

家中排行第四，與父母及三名姊姊居於屯門兆康苑兆樂閣一個七百多呎的三房單位。父親任職巴士司機，每天凌晨四時多便離家上班，放工回家不久便又呼呼大睡，因此一向和子女溝通不多。母親表面上為家庭主婦，但其實是一個不折不扣的女強人，她同時身兼兆樂閣互助委員會主席以及兆康苑活動籌委會副主席。貴人事忙，因此家裡少不免有點凌亂，雖如此，她仍然堅持四名子女每天要吃過她親自炮製的早餐才上學。

家中的三名女孩分別為十七歲、十四歲及十二歲。十七歲的張欣今年中五，成績中上，熱愛日本流行音樂，偶像是 Arashi 的相葉雅紀。十四歲的張霞今年中二，受姊姊影響之下也愛上了日本流行音樂，偶像是 Arashi 中的櫻井翔。十二歲的張嵐今年六年級，是死硬派的陳冠希歌迷。三姊妹的感情要好，佔住家中最大的一個房間（亦是張鴻在家中的唯一禁地），常躲在房中小聲說大聲笑。由於自小在「女權當道」的生活環境下長大，因此張鴻常常下意識地提醒自己是一個男子漢，拒絕在同學面前作出任何「娘娘腔」的行為，可是不知怎的，同學們永遠覺得他總是和其他男同學有點說不出來的分別，而無可否認地，他亦是班中擁有最多「紅顏知己」的男孩。

在三年班的學期初，他被編坐到女同學楊詩敏的隔鄰，順理成章地，楊詩敏成了張鴻的其中一名「紅顏知己」，但不久張鴻便發現楊詩敏帶給他一種和其他「紅顏知己」截然不同的感覺，他用心地思索了一星期，便確認了這就是「傳說」中的「愛情」了……

楊詩敏：九歲，女，小學三年級學生，樣子可愛，成績優異。面對老師永遠斯文有禮，對男同學永遠聲如柔絲，在學校甚受女同學及老師歡迎，是一眾男同學心目中的「白雪公主」。

家中獨女，與父母同居於屯門友愛邨愛智樓一個四百呎公屋單位。非常注重外表，亦很介意別人的目光，常努力維持品學兼優的形象，從不欠交功課，更從未試過遲到，是一個不折不扣的好學生，可是別人永不會知道她在家中的真面目……在學校近乎完美的她，每天放學回家後，必定躺在梳化邊吃薯片邊看電視四小時以上。直至母親五時半下班回來，她才滋油淡定的拿出功課，邊做邊發白日夢。至到九時半晚飯後，「軟皮蛇」的她在母親的最後壓迫下才用上最後的個半小時把當天的功課完成。

父親為一貿易公司主任，很少在家，但非常疼愛女兒，常堅持每個星期日為家庭日，雖然最後失約的通常是他自己。母親為友愛邨某私人診所的登記護士，每晚準時下班回家為女兒準備晚飯，每天早上為女兒準備雪白的校服和一條 Hello Kitty 手巾仔，視女兒為精神寄託，某程度上可以說是女兒的形象顧問。

第1前場

時：日
地：學校．班房
人：張鴻、楊詩敏、Miss Chan

△ 小息時的班房只得張鴻一個人在原位坐著，其他同學早已鳥獸散，剩下一堆東歪西倒的書包

△ 鏡頭見張鴻的檯面上放著一個生日咭般大小的粉藍色信封，上面寫著「楊詩敏同學收」

△ 張鴻緊張的望望信封，又望望對著的一個空位，那裡放著一個女孩子的書包

△ 張鴻鼓起勇氣的拿著信封起身

△ 他先走到門邊，確定沒有人正走來，然後他走到那個女孩子的空位旁

△ 他猶豫了一會，決定把信封放進女孩的書包

Miss Chan：（突然走進來）咦，張鴻你唔落去同其他同學玩？

張鴻：（連忙把信封收在背後）吓！？我……頭先跌咗嘢所以搵緊嘢。

Miss Chan：（在教師桌上拿回一疊校簿後走出班房）咁你慢慢搵啦！

△ Miss Chan 離開後，張鴻望望面前的書包，還是決定放棄，拿著信封出了去

△ 一會，張鴻又突然走回來，又望了望那女孩的書包，一鼓作氣的把信封塞了進去

楊詩敏：（突然走了進來）張鴻！

張鴻：（嚇了一跳）……

楊詩敏：你做咩呀？

張鴻：吓！……

楊詩敏：你跌咗嘢過嚟呀？

張鴻：（點頭）我……頭先跌咗嘢所以搵緊嘢……

楊詩敏：哦……

△　二人也靜了下來

楊詩敏：我頭先以為你要當值上咗圖書閣搵你呀！

張鴻：哦……（醒起）你搵我！？

楊詩敏：你一陣間陪我去食飯得唔得呀？

△　張鴻受寵若驚的樣子

第1場

時：日
地：麥當勞門外
人：張鴻、楊詩敏

△　二人垂著頭步出麥當勞，害羞的樣子

△　二人行經文具店門外

楊詩敏：陪我睇一陣嘢吖！

第2場

時：日
地：文具店
人：張鴻、楊詩敏

△　文具店的飾櫃內放著一座精美的米奇老鼠擺設，這座擺設中的米奇和米妮各自坐在一個鞦韆上慢慢的旋轉，每當轉至面對面時就會接吻

△　米奇和米妮就這樣隨著音樂的節奏接吻、分開、再接吻、再分開

△　張鴻呆呆的站在飾櫃面前，出神的望著這對米奇老鼠

楊詩敏：（突然從身旁走出來）你鍾意米奇老鼠㗎？

△　張鴻即時返回現實

張鴻：我⋯⋯望吓之嘛⋯⋯

楊詩敏：我想睇嗰邊呀！

△　張鴻跟著楊詩敏走到另一邊的貨架，那裡擺著一大堆 Snoopy 的產品

△　二人也有點害羞，楊詩敏不作聲自顧自的看著，拿起一隻 Snoopy 鎖匙扣

張鴻：（努力的找著話題）你鍾意 Snoopy 㗎？

楊詩敏：（微笑）唔⋯⋯我同我媽咪都好鍾意㗎！

張鴻：（拿起一隻 Woodstock 公仔）點解逢係 Snoopy 啲公仔隔籬都有呢隻雞嘅？

楊詩敏：佢唔係雞，係 Snoopy 嘅好朋友嚟㗎！

△　張鴻沒趣的把 Woodstock 放回原處

△　二人又靜了一會

張鴻：頭先啲嘢好唔好食呀？

楊詩敏：好食呀，我不嬲都鍾意食魚柳飽嘅……你鍾意食乜嘢㗎？

張鴻：我鍾意食牛扒。

楊詩敏：我都鍾意，不過食牛扒要同媽咪一齊去，自己去會唔識嗌嘢食……你識唔識呀？

張鴻：我都唔識，不過我唔使同媽咪去㗎，我同家姐去。

楊詩敏：哦。

張鴻：……我遲啲學識叫牛扒之後同你一齊去食吖。

△　楊詩敏突然垂下了頭，若有所思，張鴻卻沒有察覺

楊詩敏：張鴻呀，我要搬屋喇……

張鴻：……

楊詩敏：媽咪話我下個學期要去第二間小學度讀書呀！

△　張鴻嚇得呆了，楊詩敏轉身離開

△　張鴻一言不發的站在原地

第3場

時：日
地：友愛邨・楊詩敏家樓下・門外
人：張鴻、楊詩敏

△　楊詩敏的家位於一舊式公共屋邨

△　張鴻和楊詩敏站在電梯口等電梯，二人也沒有作聲，只是愁著臉的垂下了頭

△　電梯到了，二人徐徐步進

△　電梯到達二十一樓，二人又徐徐步出，就在大堂中央，楊詩敏停了下來

楊詩敏：（望著張鴻）Bye-bye。

張鴻：（不知說甚麼好）……Bye-bye。

△　楊詩敏轉身離去

張鴻：（想叫停她）楊詩敏！

△　楊詩敏回過身來，望著張鴻

張鴻：你搬咗屋之後……寄信畀我吖！

楊詩敏：好呀！……不過我唔知你住邊度呀……

張鴻：（流利）屯門兆康苑兆樂閣 2108 室！

△　楊詩敏不知怎回答，於是轉身離去

張鴻：（又叫停她）楊詩敏！

△　楊詩敏又望回張鴻，只見張鴻伸出左手，手中攤著剛才在文具店買的 Snoopy 鎖匙扣

△　張鴻二話不說的走上前拉起楊詩敏的手，把鎖匙扣塞進她手中

△　張鴻握著她的手時突覺有點方寸大亂，連忙把手縮回，放在身後

張鴻：送畀你前日生日，生日快樂。

△　楊詩敏望望手中的鎖匙扣，呆了一會，望見上面的價錢牌寫著「$12」

△　楊詩敏伸手在隨身的布袋內拿出一個散紙包，掏出十二元硬幣，伸出左手，把硬幣攤在掌心

△　張鴻望望那些硬幣，搖了搖頭

楊詩敏：唔得呀，媽咪會鬧㗎！

△　張鴻感到氣結，但和楊詩敏對望一會後，無奈地伸出左手

△　就在張鴻的左手正想在楊詩敏的左手手心拿起硬幣的時候，楊詩敏的左手一反，同時伸出右手，用雙手夾著張鴻的左手，把硬幣塞給他

△　被楊詩敏的雙手捉著自己的手，張鴻立時感到有點暈眩

△　二人也把手縮回

楊詩敏：（搖了搖鎖匙扣）（微笑著）多謝！（轉身離去）

△　張鴻暈眩未止，不懂反應

△　楊詩敏行不夠兩步，又轉身回來

楊詩敏：張鴻呀⋯⋯佢哋話你鍾意女班長呀，係咪真㗎？

張鴻：（雖然暈眩未止，但仍懂否應）梗係唔係啦！

△　楊詩敏聽到這個答案，立時微笑起來

△　就在這千分之一秒之間，張鴻竟突然衝了上來，在楊詩敏的嘴上吻了下去

△　楊詩敏嚇得呆了，張鴻也好像突然醒覺起來似的，在楊詩敏未及反應之時又立即縮回

△　時間好像停住了，二人一動也不動，誰也不知道這個蜻蜓點水式的一吻會帶來如斯的震撼

△　靜了良久，楊詩敏突然哭了起來

楊詩敏：（哭泣）會有 BB 㗎！

△　她這句話把張鴻嚇得魂飛魄散

△　楊詩敏就這樣邊哭著邊跑回家

△　張鴻一個人站在原地，不知所措

第4場

時：夜
地：餐廳
人：張鴻、張母、張霞、張嵐

△　張鴻與家人坐了在一張四人檯，張鴻和張母一起坐，張鴻其中兩名姊姊張霞和張嵐在對面並排坐著

△　檯面已放了四份牛扒餐，張霞和張嵐各自正邊看雜誌邊吃，張母也正在一口一口斯文地吃著

△　張鴻心情忐忑不安，呆望著檯上的牛扒，不停的鋸來鋸去，腦海裡想著楊詩敏「會有 BB 㗎！」這句話

張母：（發現張鴻一口也沒有吃）做咩呀，唔想食呀？

張鴻：（驚覺起來）唔係呀！（立即放了一小塊進口）

張母：英文測驗派咗卷未呀？

張鴻：（心虛）派咗。

張母：幾多分呀？

張鴻：……六十五分。

張母：（怪責）做咩咁低分呀？

張鴻：……嗰晚你好夜先返，冇陪我溫書，啲英文我又唔識。

張母：你覺得呢啲係原因定係藉口呀？

張鴻：……

張母：我買部字典機畀你你做咩唔用呀？唔識咪自己查囉！你大個喇，有問題要學識自己解決吖嘛！

△　張鴻仍繼續望著牛扒發呆

張嵐：（望著雜誌大叫）哎呀！木村結婚喎！

張霞：工藤靜香有咗吖嘛！咁 out 㗎你！

△　張鴻心虛的望了望姊姊們一眼

張嵐：佢同工藤靜香有 BB ！？

張霞：咩呀，早排都影到佢哋兩個當街 kiss 啦！

張嵐：乜佢同工藤靜香拍拖嘅咩！

張母：食完先再睇得唔得呀！

△　二人立即把雜誌收好

△　張鴻又再垂下頭想著楊詩敏

第5場

時：日
地：學校·圖書館
人：張鴻、宋子豪

△　圖書館的一角，張鴻正把一堆故事書放上書架，宋子豪則倚在他隔鄰，隨手揭著手中的故事書

宋子豪：（認真）乜你咁大膽㗎。

△　張鴻擔憂的樣子，沒有回答

宋子豪：……不過好似唔係咁易有 BB 㗎……

△　張鴻凝神傾聽

宋子豪：（認真）楊詩敏有冇嘔呀？

△　張鴻頓覺一言驚醒夢中人

第 6 場

時：日
地：學校‧操場一角
人：張鴻、楊詩敏

△　在操場的一個轉角處，地上畫了數個跳飛機。張鴻一個人站在那裡等待著

△　楊詩敏握著一張紙仔，徐徐的走過來

△　二人也感到不好意思，於是同樣的垂著頭，沒有望對方

△　張鴻鼓起勇氣開口說話

張鴻：宋子豪話呢……唔一定會有……㗎。

△　楊詩敏感到一絲希望

張鴻：要嘔先會有㗎……你有冇嘔呀？

△　楊詩敏立即停了下來，慢慢的沉思

△　張鴻見楊詩敏動也不動，也沉默起來，不敢說話，二人就這樣呆站著

△　想了良久，楊詩敏的嘴角開始有點微震

楊詩敏：我好似……真係有啲想嘔呀……

△　楊詩敏立即哭了起來

△　張鴻嚇得不懂反應

第7場

時：日
地：朱家權家
人：張鴻、宋子豪、朱家權、輝舅父

△　朱家權的家是一個約三百多呎的公屋單位，看來有點凌亂，長長的客廳旁邊用木板間了兩間睡房，其中一間關了房門

△　張鴻、宋子豪和朱家權三人並排坐在梳化上，緊張的樣子

△　朱家權望望張鴻，有點不好意思

朱家權：（向關了房門的房間嗌過去）舅父，你得未呀？

△　房內一點聲音也沒有

△　朱家權感到不妥，連忙走到房間把門打開

△　廳裡的張鴻等人不知發生何事，只見朱家權望著房內叫著

朱家權：（埋怨）咦！你又瞓番！

△　朱家權把床上的輝舅父強拉出房

△　輝舅父年約二十多歲，身材瘦削，撐著睡眼，疲倦的樣子

輝舅父：（勞氣）做乜呀！

朱家權：都話我同學有啲嘢要問你囉！

△　張鴻把頭垂至差不多見不到樣子，輝舅父一眼便看得出有問題的是他

朱家輝：問咩呀？

△　朱家權看見張鴻的反應，決定代他問

△　朱家權揮手示意輝舅父蹲下來，輝舅父蹲下，朱家權在他耳邊小聲的說起來

△　張鴻等凝神望著輝舅父的反應

△　輝舅父初時露出了一點笑意，但不久又收回，樣子轉為認真

△　不一會，朱家權說完了，輝舅父嚴肅的站起來，慢慢的行向張鴻

△　張鴻緊張的望著輝舅父

輝舅父：（一手搭著張鴻的膊頭）（嚴肅）咁唔小心㗎，做硬老豆喇你，畀心機湊大 BB 啦！

△　張鴻立時面無血色

△　輝舅父轉身回房，剛背向他們便立即忍不往笑了起來，可是張鴻等人看不到

△　眾人在客廳中亂作一團

第8場

時：日
地：球場
人：張鴻、宋子豪、Mark、朱家權

△　張鴻、宋子豪、Mark 和朱家權四人在圍坐著，無人敢作聲

△　沉默良久

宋子豪：不如⋯⋯報警吖⋯⋯

朱家權：（反對）唔得！拉咗佢哋點算呀？

Mark：不如話畀 Miss Chan 知吖！

宋子豪：（反對）Miss Chan 知咪即係校長知！校長知道實記大過啦！

△　眾人又靜了下來

朱家權：不如⋯⋯分手吖⋯⋯

△　張鴻想了想，不停搖頭

宋子豪：咁不如結婚啦！

△　眾人即時望向宋子豪

朱家權：邊得㗎！咁細個！

宋子豪：（頂頸）咩⋯⋯咩唔得呀？唔結婚 BB 點出世呀！差人見到拉㗎！

朱家權：我哋咁矮⋯⋯讀小學點結婚呀！

宋子豪：（死撐）我個表哥二年班就結婚啦！佢仲「擺幾圍」嗦呀！我今日冇帶咋，聽日攞啲相返嚟畀你哋睇吖！

△　眾人也答不上口

朱家權：（向張鴻）咁你有冇錢「擺幾圍」呀？

△　張鴻搖頭

Mark：我媽咪話佢以前結婚都冇「擺幾圍」㗎！淨係去咗「動物月」囉！

宋子豪：哦！叫做「動物月結婚」吖嘛，我表哥都有去啦，睇咗好多動物嗾呀！

朱家權：咩「動物月結婚」呀，呢啲叫做「旅行結婚」呀！低能！

宋子豪：我知呀！我另外個表哥咪「旅行結婚」囉！佢去咗城門水塘嗾呀！

△　只見張鴻認真的思考著

第9場／第9A場

時：夜

地：張鴻家／楊詩敏家

人：張鴻、張母、張欣、張霞、張嵐／楊詩敏

△　張鴻家客廳，張欣、張霞和張嵐正在看日劇

△　張母正在餐檯看文件，檯面的另一端放著五隻餐碗，其中一隻盛載著已涼了的湯

張母：（看見其中一碗還有湯）喂，邊個未飲湯呀？

張欣、張霞、張嵐：（因劇情而大笑）哈～～！（完全聽不到張母的說話）

△　張母沒好氣的走到張鴻的房間，打開房門，看見張鴻正坐在床頭講電話

△　張鴻一見母親打開房門，連忙上前把門關上，但張母又立即推開

張母：做咩閂門呀？

張鴻：我……我換衫呀！

張母：你咪換咗瞓覺衫囉，又換咩衫呀？

△　張鴻情急之下想不到藉口，於是趁母親沒有防備之際「轟」的一聲把門關上，並按下門鎖

△　張母站在門外，不知如何反應

△　房內，張鴻坐回放滿毛公仔的床頭，拿起電話

張鴻：喂……

△　楊詩敏家，楊詩敏正拿著電話，坐在放滿 Snoopy 和 Hello Kitty 毛公仔的睡床上

楊詩敏：（滿懷心事）我由小息開始到而家都係好想嘔呀……

△　張鴻家，張鴻深呼吸一口氣

張鴻：不如我哋結婚囉……

△　楊詩敏家，楊詩敏嚇了一跳，靜了一會

楊詩敏：媽咪實唔畀㗎！

△　張鴻家

張鴻：咁……但係第時 BB 出咗世畀差人拉點算呀！

楊詩敏：（V.O.）（拒絕）唔……

△　二人又靜了一會

張鴻：不如我哋去第二度結婚，唔好畀媽咪知囉！阿 Mark 話佢爹哋媽咪都係去第二度結婚㗎！

△　楊詩敏家

楊詩敏：去邊度呀？我哋又冇錢！

△　張鴻家

張鴻：我聽日搵錢吖……後日……五點鐘喺麥當勞門口等吖……Bye-bye……（想收線）

楊詩敏：（叫住張鴻）等陣。

張鴻：咩事呀？

楊詩敏：我……收到你張生日咭喇，原來多啦 A 夢都好靚㗎！

△　張鴻只笑不語

△　楊詩敏手上拿著一張多啦 A 夢聖誕咭，上面寫著「生日快樂」

第10場

時：夜
地：楊詩敏家
人：楊詩敏、梁善宜、楊母、楊父

△　楊詩敏家是一個約四百呎的公共屋邨單位，家中堆著一堆二堆的紙箱，明顯正在收拾東西搬家

△　楊母、楊父正在客廳把一件件的雜物放進紙箱。楊詩敏和梁善宜在睡房坐在床上小聲說話

梁善宜：我睇五年班啲教育電視話 BB 係要發育先會有㗎！

楊詩敏：我而家咪發緊育囉，媽咪話我高咗呀……

△　二人也甚感擔心

梁善宜：你媽咪實唔畀嘅喎！

楊詩敏：佢話……同我一齊去第二度喎……

梁善宜：（大叫）哦！走佬！

△　楊詩敏示意叫她小聲點

梁善宜：咁你想唔想呀？

△　楊詩敏沒有回答

梁善宜：你自己諗吓啦，結婚係兩個人嘅事，有時鍾意人要勇敢啲先得㗎！《美味情緣》個楊千嬅都係咁啦！

△　此時楊母走了進來

楊母：詩敏呀，我 book 咗貨車後日嚟，你好快啲執嘢喇！

第11場

時：日
地：學校·班房
人：張鴻、楊詩敏、宋子豪、Mark、朱家權、何詠璋、梁善宜、眾同學

△　班房內正在上課，由於是暑期預習班的關係，人數約只有二十人左右，Miss Chan 正在教授數學課

△　張鴻坐在後排窗邊的位置，他的隔鄰是 Mark，前面是宋子豪，而 Mark 的前面是朱家權

△　朱家權打開手上的一本學校單行簿，裡面整齊地貼著一排排拍下了玩具的貼紙相，每張貼紙相旁邊還寫了一個銀碼，這就是張鴻昨晚做了一整晚的「玩具價目表」

△　朱家權逐頁遂頁的揭著，揭到最後數頁，他發現沒有了貼紙相，換成一堆畫功很差的圖畫

朱家權：（轉身問張鴻）呢啲冇相嘅？

張鴻：冇晒菲林⋯⋯

△　朱家權又翻揭著

朱家權：（自言自語）好似仲貴咗咁嘅⋯⋯

宋子豪：（推推朱家權的手）當幫吓人啦⋯⋯

△　朱家權無可奈何似的在隨目錄附上的白紙上寫上姓名

△　張鴻其實自覺有點不好意思，他這時偷偷望向坐在另一邊的楊詩敏，楊詩敏也好像有點心不在焉

朱家權：（指著其中一欄）點解一隻彈珠人二十蚊，但三隻要八十蚊嘅？

張鴻：（仍不知計錯數）吓！？

宋子豪：有咩問題呀？

Mark：（伸手搶過目錄）睇吓！

△　此時 Miss Chan 發現他們正在擾攘

Miss Chan：朱家權！

△　眾人立即正坐

Miss Chan：你哋幾個做咩呀？做好晒堂課喇？

朱家權：做緊……

Miss Chan：專心啲做啦，唔好以為暑期預習班就唔會罰留堂呀！

△　眾人立即裝作埋頭苦幹

△　Miss Chan 別過臉，張鴻後面的何詠璋拍了拍他膊頭

△　張鴻轉過身，何詠璋遞給他一張紙仔

第12場

時：日
地：學校·操場一角
人：張鴻、楊詩敏

△　在操場的轉角處，楊詩敏站在那裡等待著

△　一會，張鴻握著一張紙仔走過來

△　二人又不作聲了一會

楊詩敏：聽日五點鐘我唔得呀，搬屋架車會五點鐘嚟呀……

△　張鴻甚感失望

楊詩敏：我哋約四點好唔好呀？

△　張鴻猛然點頭

第13場

時：夜
地：張鴻家
人：張鴻‧張母

△　張鴻在房裡打開了一個大背囊，把一些漫畫和少許玩具放進去

△　跟著又放了數件衣服

△　張鴻神情帶點傷感

△　收拾了一會，他突然停了下來

△　張母房中，張母正用毛巾包裹著頭，半臥在床上看文件

△　張鴻走了進來

張鴻：……媽咪，我……今晚陪你瞓得唔得呀？

張母：做咩呀？發噩夢呀？過嚟媽咪度啦！

△　張鴻走了過去，擁著張母，一句話也沒有說

張母：唔驚喇，乖，媽咪陪你瞓啦……

△　張鴻臥在張母旁邊，握著張母的手睡覺

第14場

時：日
地：球場
人：張鴻、宋子豪、Mark、何詠璋、朱家權、羅頌賢、眾同學

△　在球場旁的位置，張鴻坐在長櫈上，旁邊放著一個大背囊，眾人把張鴻團團圍著

△　張鴻手上抱著一個粉筆盒，裡面裝了數百元碎紙（有很多硬幣，也有數張二十元）

△　張鴻心情複雜，不知說甚麼好

△　眾人紛紛上前拍他的膊頭以示告別

宋子豪：畀心機呀！

朱家權：大個仔喇！

何詠璋：BB 大過咗帶佢返嚟見吓我哋呀！

Mark：對楊詩敏好啲呀！

羅頌賢：記得開 icq 呀！

△　張鴻差點便哭出來，於是只能以「唔⋯⋯唔⋯⋯」和點頭來作回答

第15場

時：日
地：麥當勞門口
人：張鴻、楊詩敏

△ 在人來人往的麥當勞門外，張鴻揹著大背囊，正在等待楊詩敏

△ 時間已是四時三十分，楊詩敏還未出現，張鴻已心急如焚

△ 等了一會，楊詩敏終於出現，她共帶了一個背囊，一個旅行袋和一隻大公仔

第16場

時：日
地：巴士上
人：張鴻、楊詩敏

△ 張鴻和楊詩敏坐在巴士上層的三人位置，各自擁著一個大背囊，多出的位置放著楊詩敏的旅行袋和大公仔

楊詩敏：我哋而家去邊呀？

張鴻：婆婆度。

楊詩敏：佢喺邊呀？

張鴻：馬灣涌。

楊詩敏：（呆了一呆）邊度嚟㗎？

張鴻：唔知呀，不過我記得點去，搭巴士去到總站再搭地鐵去到總站再上的士話馬灣涌就得。

△　楊詩敏滿有信心的點頭

張鴻：婆婆屋企可以見到飛機場㗎，好靚㗎！

△　這時張鴻無意中發現楊詩敏的背囊掛著他買給她的 Snoopy 鎖匙扣，立時由心高興的笑出來

楊詩敏：點解巴士啲名咁難記你都記得嘅？

張鴻：我其他都唔記得嘅，我淨係記得 63M 㗎咋！

△　巴士在公路飛馳著，從外面看見二人坐著的是一架 63X，原來上錯車了

第17場

時：夜
地：中環
人：張鴻、楊詩敏

△　深夜的中環，路人不多，大多數的店舖也都關了門

△　張鴻和楊詩敏各自揹著大背囊，漫無目的似的不停向前行

△　二人已十分疲倦，雙腳也好像提不起來

△　行過一間銀行門外，楊詩敏突然坐了在梯級上，不肯再行

楊詩敏：（想哭）唔搵喇，好攰呀，好肚餓呀。

△　張鴻也感疲倦，但不知應怎樣做

△　他望望四周，所有的食店也都關了門

△　但他再看一會，發現遠處竟有一間食店還未關門，那是一間牛扒屋

第18場

時：夜
地：牛扒屋
人：張鴻、楊詩敏

△　侍應甲正站在門口的登記處登記著人數

張鴻：（不知從哪裡傳來）唔該。

△　侍應向下望，發現張鴻和楊詩敏

侍應甲：請問幾多位呀？

張鴻：兩個人。

侍應甲：（有點想不到，但他們後面又真的沒有成年人跟來）你哋爹哋媽咪呢？（張鴻搖了搖頭）（帶位）呢邊吖。

△　二人跟著侍應甲走進去，沿途所見差不多全是成年人，只有兩至三名和他們年紀差不多的小孩，但都是跟著父母來的

△　侍應甲領他們到一個窗邊的二人位置，二人坐下

△　侍應甲遞給他們每人一份餐牌

侍應甲：慢慢睇呀。（轉身離去）

△　侍應甲離開後，二人才感鬆一口氣

張鴻：你……想食咩呀？

楊詩敏：我想食牛扒！但係唔知點叫呀……

張鴻：我幫你叫吖！

△　二人對望一笑

△　張鴻打開餐牌，發現裡面全是英文，二人吃了一驚

侍應乙：（上前）小朋友，想要啲咩吖？

張鴻：（望了望餐牌，但沒有一個字可以讀進腦）……

侍應乙：（有禮）使唔使幫你呀？

張鴻：（即時搖頭）……

侍應乙：……咁，你哋諗多一陣吖。

△　侍應乙離開

楊詩敏：不如走囉！

張鴻：（搖頭）我要幫你叫牛扒。

△　張鴻放下了餐牌，在背囊裡找著東西，楊詩敏不知他想幹甚麼

△　張鴻拿出了一個筆盒，打開，拿出一支鉛筆，再在背囊拿出一部字典機

△　張鴻在餐牌上逐個字逐個字的查著

△　楊詩敏看著張鴻，不知怎樣好

△　餐廳內不論顧客還是侍應，也望著二人

△　楊詩敏望了一會，不自覺的微笑起來

△　一會，張鴻放下了餐牌

張鴻：（向侍應）唔該⋯⋯（侍應乙上前）我哋要兩個蒜蓉汁西冷牛扒薯條。

侍應乙：（收回餐牌）兩個蒜蓉汁西冷牛扒伴薯條⋯⋯（微笑）送兩杯雪糕畀你哋吖。

張鴻：（笑）好呀！多謝！

△　侍應乙離開，張鴻頓覺放下心頭大石

△　張鴻和楊詩敏對望了一會，二人不期然的從心裡笑出來

顧客甲：請問呢度附近有冇巴士去機場呀？

△　張鴻聽到這句，回頭一望，那是鄰桌的一個男人

侍應乙：你出咗呢個門口之後轉左一直行就到㗎喇。

△　張鴻立即笑了笑，望著楊詩敏

第19場

時：夜
地：東涌·馬灣涌·婆婆家
人：張鴻、楊詩敏、婆婆

△　在馬灣涌的一所舊式村屋內，婆婆正躺在搖椅上乘涼

△　舊式的門鈴聲響起，婆婆不慌不忙的站起來

婆婆：嚟喇……

△　婆婆打開大門，竟見張鴻站在門前

張鴻：婆婆！（上前大力擁著婆婆）

婆婆：（非常高興）（擁著張鴻）乖孫！點解你會嚟嘅？媽咪呢？

△　張鴻沒有回答，婆婆只見有一女孩站在張鴻身後

△　婆婆望望張鴻，又望望害羞的楊詩敏

婆婆：你哋自己嚟㗎？

張鴻：（點頭）……

婆婆：做咩咁夜入嚟嘅？

張鴻：婆婆，我淨係話畀你聽，你唔准話畀人聽㗎……

婆婆：（蹲下來，輕掃張鴻的頭髮）（慈祥地微笑）好呀。

△　從遠處，可看見一位慈祥的老婆婆，正在溫柔的抱著兩名可愛的小孩

第20場

時：日
地：學校・班房
人：張鴻、宋子豪、Mark、朱家權、何詠璋、梁善宜、眾同學、Miss Chan

△　暑假過後，班房內坐滿了學生，如常上課

△　張鴻沒趣的坐在位內，四處張望

△　班房內學生如舊，除了楊詩敏之外

△　他望向楊詩敏原本的座位，現在已坐著另一個女同學

△　下課鐘響起

Miss Chan：Goodbye Class。

眾同學：（起立）Goodbye Miss Chan。

△　眾同學鳥獸散，唯獨張鴻慢慢的行出門口

Miss Chan：（仍在老師桌附近）張鴻……

△　張鴻嚇了一跳，停了下來望著 Miss chan

Miss Chan：有人寄咗一封信返嚟學校畀你喎！

△　Miss Chan 把一封信遞給張鴻，那是一個 Snoopy 的信封，中間隆了起來

△　Miss Chan 離去，張鴻把信打開，那是一張 Snoopy 信紙和一隻 Woodstock 的鎖匙扣

△　張鴻一看，微笑起來

△　張鴻站在原地，細閱著手中的一封信，微笑起來

完

這本書裡

血肉與靈魂

希望會

盛載著的

得到你的喜愛

enlighten 亮
&fish 光

書　　名：陳詠燊短篇劇本集｜
　　　　　寫在《逆流》與《飯戲》之外......
作　　者：陳詠燊Sunny Chan

出 版 社：亮光文化有限公司
　　　　　Enlighten & Fish Ltd
社　　長：林慶儀
編　　輯：亮光文化編輯部
設　　計：亮光文化設計部
地　　址：新界火炭坳背灣街61-63號
　　　　　盈力工業中心5樓10室
電　　話：(852) 3621 0077
傳　　真：(852) 3621 0277
電　　郵：info@enlightenfish.com.hk
網　　店：www.signer.com.hk
面　　書：www.facebook.com/enlightenfish

2024年12月初版

I S B N　978-988-8820-91-7
定　　價：港幣$138

法律顧問：鄭德燕律師